Benedikt Faust

Sterneküche kann jeder!

Exzellent kochen ohne Schnickschnack

SPINACH

Benedikt Faust

Sterneküche kann jeder!

Exzellent kochen ohne Schnickschnack

Inhalt

Vorwort

Hallo erst mal, mein Name ist Benedikt Faust, ich bin von Beruf »Sternekoch« und erfülle mir gerade den langersehnten Traum vom eigenen Kochbuch! Aber ich wollte nie nur das nächste Kochbuch schreiben, sondern war hier auch auf der Suche nach dem Besonderen, dem etwas anderen …

... und mit viel Liebe, Hingabe, Ehrgeiz, Durchhaltevermögen sowie einem guten Schuss Verrücktheit ist ein Werk entstanden, mit dem man auf einfachstem Wege den maximalen Geschmack erreichen kann. Also genau das Richtige für faule Menschen wie mich ;-)!
»Sterneküche kann jeder!« soll dir eine Welt des besonderen Geschmacks, des Außergewöhnlichen eröffnen. Gleichzeitig bietet es eine große Chance, dein alltägliches Geschmacksleben zu verlassen und Lebensmittel zu Hause zu haben, mit denen du jederzeit aus einem Gericht ein Highlight kreieren kannst. Dabei war mir absolut wichtig, den Fokus auf Einfachheit zu setzen. Exzellent kochen ohne Schnickschnack. Deshalb erkläre ich hier mit einem Augenzwinkern, wie man mit kleinstmöglichem Aufwand Gerichte gestaltet, die geschmacklich wie optisch genau so in gehobenen Restaurants serviert werden könnten.

In diesem Kochbuch wird kein Wert auf irgendwelche Etikette gelegt. Versteht mich bitte nicht falsch, aber die würde ich hier gern weglassen und von Anfang an zum Wesentlichen kommen: zum KOCHEN, ESSEN & GENIESSEN! Denn letztlich geht es in unserem Beruf darum, ein Handwerk auszuüben, sich kreativ auszutoben und im besten Fall Menschen damit glücklich zu machen. Kochen dreht sich ausschließlich um einen besonderen Geschmack, mit dem man Gäste überrascht, begeistert und fasziniert – nicht mehr und nicht weniger. Getreu dem Motto: »Alles kann, nix muss!« Diesen besonderen Geschmack findet man auf jeder Seite dieses Buches, man muss ihn nur mögen. Geschmacksexplosionen, interessante Perspektiven, ganz ohne technischen Schnickschnack, einfachste Zubereitung, optisch PUR in Szene gesetzt ... Das kann nur bedeuten: »Sterneküche kann jeder!«

PS: An dieser Stelle darf eines nicht fehlen, schließlich schreibt sich so ein Buch nicht mal so nebenbei oder von allein. Auch Rezepte wollen kreiert und gekocht werden. Deshalb gilt mein besonderer Dank Maximilian Jandt – seit Jahren ein treuer Begleiter –, durch dessen Geschmacksbild viele Rezepte harmonischer und weniger extrem geworden sind. Des Weiteren Timo Beck, der sein erlerntes Know-how im süßen Bereich einbrachte. Und zu guter Letzt, für mich aber immer eine der Ersten, möchte ich mich bei der ganzen nicht namentlich erwähnten Crew bedanken, die mir über die Jahre mit Ideen, Kreationen und vor allem ihrer menschlichen Art gezeigt hat, dass Kochen und Genuss nichts anderes bedeuten als: FAMILIE!

Euer Benedikt Faust

1

Theorie

Zum ersten Stern mit Herzblut und Ehrgeiz

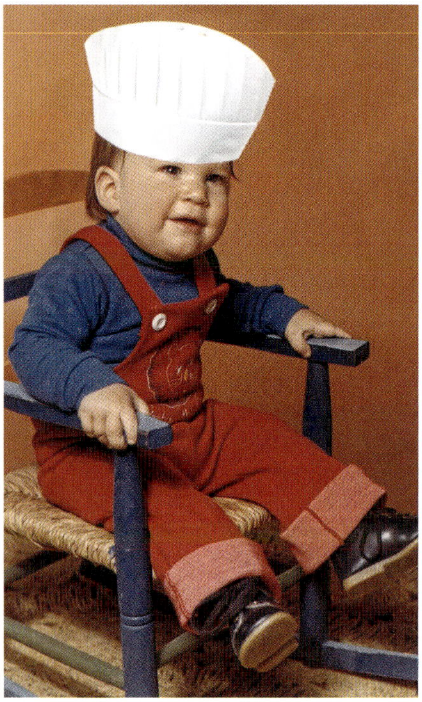

So sah man als Kind in den 70ern aus: mit Latzhose – und ich natürlich mit Kochmütze

Faul sein in Marktheidenfeld

Da man am Anfang eines Buches eigentlich nie so genau weiß, wo man beginnen soll, fang ich mal ganz von vorn an ... Und wer mich kennt, der weiß: Wenn ich einmal loslege, bin ich schwer zu stoppen. Also, aufgewachsen bin ich halb städtisch, halb ländlich im beschaulichen Marktheidenfeld bei Würzburg, einer Stadt mit 10.000 Einwohnern im schönen Franken, genau genommen in Unterfranken. Der Franke an sich legt ja großen Wert darauf, dass er Franke ist, gilt allgemein aber als eher reserviert und redefaul. Das mit der Faulheit trifft bei mir wohl zu, das Nichtreden kaum ... Ich war ein leicht verzogenes Einzelkind und hatte schon recht früh das Motto verinnerlicht: »Bloß nicht mehr als das Nötigste tun!« Dazu gesellte sich auch gern mal eine Null-Bock-Stimmung (wie das scheinbar immer so ist) – daran hat sich übrigens bis heute nichts geändert! Wenn ich zu lange gar keine Aufgabe oder überhaupt kein Projekt habe, verwandle ich mich in einen Couch-Potato.

Aber zurück zum Thema: Als faules, dickes Kind (ja, gegessen habe ich immer schon gern), das nur das Nötigste machen wollte und sich mit Schulschwänzen die Zeit vertrieb, war der Weg von guten zu schlechten Noten nicht weit. Und so wechselte ich von der Real- auf die Hauptschule und absolvierte dort den »Quali«. Wie gesagt: auf keinen Fall zu viel investieren. Da in der damaligen Zeit für junge Menschen, die mit 14 Jahren noch nicht wissen, was aus ihnen werden soll, üblicherweise ein Termin beim Berufsberater anstand, war das dann auch mein erstes großes entscheidendes Ereignis! Lieber

Ganz entspannt im Hier und Jetzt – nach 25 Jahren kochen, weiß man, was man kann

Leser – nur mal so zwischendurch: Falls du dich wunderst, warum ich ständig zwischen meinen Gedanken und den Themen hin- und herspringe, sorry, so bin ich wirklich. Mein Herz trage ich meistens auf der Zunge. Aber zurück … Ich also beim Berufsberater: »Was machst du denn gern?« Ich: »Kuchenteig roh aus der Schüssel schlecken oder Computer spielen.« Berufsberater: »Für Informatik genügen die Noten nicht, also wirst du KOCH!«

»Lehrjahre sind keine Herrenjahre« – noch so ein blöder Spruch

Gesagt, getan! Die erste Bewerbung ging direkt an den bürgerlichen Gasthof um die Ecke und nach einem Vorstellungsgespräch mit den Eltern – der Bub will Koch werden – hatte ich den Lehrvertrag in der Tasche. Absolut unwissend, was mich erwartete und in welche Welt ich da hineingeraten sollte. Eben feierte der Bub noch seinen 15. Geburtstag im Kreise der Familie, zweieinhalb Monate später betrat er zum ersten Mal in seinem Leben eine Gastronomieküche! Binnen weniger Wochen merkte ich, dass kochen für Gäste nichts mit dem Spaß zu tun hatte, den ich mir vorgestellt hatte (hier ein bisschen probieren, da ein bisschen rühren), sondern ausschließlich mit Geltungsdrang, strenger Disziplin, Autorität bis hin zum Mobbing. Auch der raue Umgangston, die körperliche Gewalt (so würde man sie heute rechtlich bezeichnen) sowie der immense Druck, immer alles richtig machen zu müssen, sollten nicht unerwähnt bleiben. Mal ganz abgesehen von den Arbeitstagen mit elf bis 16 Stunden, an die man sich angeblich irgendwie gewöhnt. Ebenso wie daran, nachts allein 40 Kilo Zwiebeln zu

Das Nichtstun funktionierte so sensationell gut, dass sich bei mir schnell ein gewisses Maß an Selbstbewusstsein einstellte.

Zum ersten Stern mit Herzblut und Ehrgeiz

Kaum war der Ehrgeiz geweckt, war ich nur noch am Arbeiten ...

schälen, während die »Kollegen« nach Hause sind. Man ist ja der Kleinste und neu. Nachdem der kleine dicke Bub also gefühlt tausendmal heulend nach Hause kam und 999-mal den ultimativen Spruch »Lehrjahre sind keine Herrenjahre« (wenn ich irgendwann mal den erwische, der diesen Spruch erfunden hat) zu hören bekam, hatten meine Eltern endlich ein Einsehen. Da ein Jobwechsel damals einer öffentlichen Demütigung glich, organisierten meine Eltern unter Einbezug aller erdenklichen verwandtschaftlichen Beziehungen eine Stelle im Sternerestaurant »Weinhaus Anker« in Marktheidenfeld. Damals eines der 80 besten Restaurants in Deutschland mit klassisch französischer Hochküche.

Und tatsächlich änderte sich so einiges! Es gab weder körperliche Gewalt noch Mobbing. Dafür gab es Leistungs- und Zeitdruck, extremen Druck – aber positiven. Als neuestes Pferd im Stall (ich war im zweiten Lehrjahr dazugekommen) konnte ich quasi NICHTS! Ich wusste weder irgendeinen französischen Fachausdruck wie »coquille St Jacques« (Jakobsmuschel) noch konnte ich im Ansatz filigran arbeiten und mit dem Messer umgehen – ich war ja nur den Gemüseschäler gewöhnt. Als ich dann meinem Chef, Besitzer und Sternekoch noch Knoblauch brachte, obwohl er Trüffel wollte, wurde mir schnell klar, dass ich ein ganz, ganz kleiner Fisch in einem riesigen Meer bin.

» Ich konnte sehr früh eines ganz klar sagen: ›Ich lasse mich nicht brechen!‹ Denn das war die Ansage sämtlicher Hardcore-Küchenchefs. «

Derart locker geht es in der Küche auch nur privat und beim Abwasch zu

ABER: Es fing an, mir Spaß zu machen, und erste Erfolge stellten sich ein! Leider nicht beim Kochen, dafür beim Probieren von Gerichten, die einen unvergleichlich sensationellen Geschmack auf meinen Gaumen zauberten. L-E-C-K-E-R oder salopp gesagt: »einfach geil!« Nun wollte ich um jeden Preis Teil dieses großen »Aromentheaters« werden und entdeckte etwas an mir, was ich noch nicht kannte: Ehrgeiz! Um in der Gastronomie zu überleben, konnte man außerdem mit einer weiteren unverzichtbaren Eigenschaft punkten: mit arbeiten! Einfach immer arbeiten, arbeiten, arbeiten und arbeiten! Morgens, mittags, abends, nachts – repeat. Und was nutzte es mir? Es brachte mir die für mich wichtigsten Erkenntnisse in der Gastronomie überhaupt: Mit Ehrgeiz und Fleiß kannst du alles erreichen!

24/7 – nur so geht »Sterneküche«

Dennoch überlegte ich nach der Lehre, ob ich nicht etwas anderes machen sollte, denn die Wahrheit über das Leben in der Gastronomie ist auch, dass man keines hat. Keine Freizeit, keine Freunde – außer Kollegen –, keine Zeit für Familie, einfach für nix! Grundregel Nummer eins in der Gastro: Wer erfolgreich sein möchte, verzichtet besser auf alles! Noch dazu kam mein Gefühl, nichts zu können. Aber was wollte ich stattdessen? Alles gar nicht so einfach ... Als ich eines Tages eine Freundin (natürlich aus der Gastro) beim Schuhekaufen beriet, bekam ich in einem Geschäft zufällig eine Lehrstelle angeboten. Start: in einem halben Jahr. Was wollte ich mehr? Ich überbrückte die Zeit bis dahin mit Nichtstun, langweilte mich den ganzen Tag, bis ich ab ca. 22.30 Uhr (Feierabend für Köche) meine Kumpels treffen konnte. Also fing ich an ... Und jetzt kommt die Quizfrage für alle, die diese Zeilen auch wirklich gelesen haben: Mit was genau, glaubt ihr, habe ich damals zu Hause versucht, meine Kreativität, meinen Drang etwas schaffen zu wollen, zu kanalisieren? Richtig! Mit Kochen, was sonst? Mehr konnte ich nicht. Letztendlich obsiegte das Herz über die Vernunft und ich entschied mich, den Beruf des Koches doch weiterzuverfolgen – mit allen Unwägbarkeiten, die da kommen konnten. Und wenn ein 18-Jähriger sich über all die negativen Auswirkungen bewusst ist und dennoch dem Ruf seines Herzens folgt, dann konsequent! Und genauso ging ich es an: voll motiviert, alles zu lernen!

Zum ersten Stern mit Herzblut und Ehrgeiz

Endlich geschafft: alleiniger Küchenchef im »Burghotel Schwarzenstein«

Mein Lehrherr gab mir damals noch den Ratschlag: »Bleib niemals zu lange in einem Betrieb, sondern nur solange du etwas lernen kannst!« Der Fairness halber muss ich gestehen, dass ich vielleicht in diesem Punkt etwas übereifrig war und oft schon nach drei bis sechs Monaten dachte, man könnte mir nichts mehr beibringen … Nach zwei Jahren Wanderschaft von Toprestaurants bis hin zum Wirtshaus wagte ich schließlich den großen Sprung nach Sylt. Dort landete ich im Sternerestaurant der Familie Lässig – und was soll ich sagen: Auch da musste ich mich für den Beruf und gegen Urlaub entscheiden und bei einer Sechstagewoche dauerhaft auf Freizeitaktivitäten (außer Feiern) verzichten. Sylt war eine meiner drei prägenden Stationen – und das nicht wegen der Partys! Vielmehr vermittelte mir Familie Lässig ein ums andere Mal, was es bedeutete, Koch zu sein. Trotz aller Strenge gewährten sie mir einige Freiheiten bei Kreationen, ab und an gab es mal ein dickes Lob sowie einen Bonus. Zu jeder Zeit ein ehrliches Wort – und immer erfuhr ich Wertschätzung.

Von Familie Lässig wurde ich im Sylter Kollegenkreis an Juan Amador vermittelt, meinen Mentor, meinen Gottkönig – den Menschen, der mich emotional am meisten mit Essen berührt. (Und ja, ich hinterfrage immer, ob das an meinem Bezug zu ihm liegen mag.) Da explodierte einfach alles! So viel pure Energie, so viel Querdenken, so viel Kreativität, so viel abstraktes Denken, so viel Manpower, so extrem viele geile Köche … Was für ein krasser Scheiß – ehrlich! In meiner Zeit unter Juan Amador lernte ich viele wichtige Dinge, aber vor allem eines: wie wichtig es ist, das zu tun, worauf man Lust hat. Zu kochen, was man will, und zu kombinieren, wie man will! Es war eine wilde, herrlich verrückte Zeit und hätte ich sie verpasst hätte, wäre ich nur ein halber Mensch geworden!

Von Sylt nach Bad Hersfeld – und damit zum ersten Stern mit dem »L'étable«

Von da aus ging es zurück in die Heimat, also nach Würzburg, und zum Lokalmatador Bernhard Reiser, einem Paradiesvogel unter den Köchen. Spitzname »Rio Reiser«. Meine erste Stelle als Souschef (stellvertretender Küchenchef)! WOW! Toller Job, super Location, klasse Chef. Eine meiner liebsten und wichtigsten Stationen. Warum? Weil mir Bernhard Reiser eines ganz klar gezeigt hat: Neben Ehrgeiz, Durchhaltevermögen, Disziplin und Kreativität braucht es noch etwas anderes, um Gäste zu begeistern – den absoluten Entertainer. Und das war und ist Bernhard Reiser, wie er leibt und lebt.

Nach zwei weiteren kurzen Jobs kam die erste Stelle als alleiniger Küchenchef (unter Juan Amador, der als Berater fungierte) im »Burghotel Schwarzenstein«. KRASS! Ich hatte es geschafft! Mit viel Glück und Hartnäckigkeit. Egal, ich war da und hatte die Megachance! Jackpot. Also machte ich das, was ich am besten konnte: Ich arbeitete Tag und Nacht, rund um die Uhr – in einem Jahr hatte ich gerade mal einen halben Tag frei. Bis zur völligen Erschöpfung, bis kein einziges Gericht mehr zustande kam, weil all die Kreativität einfach weg war. In der heutigen Zeit nennt man das auch salopp »Burn-out«.
Aber: Es hatte sich gelohnt! Von null auf hundert in einem Jahr. Von null auf 16 Punkte im »Gault-Millau«, was gleichzusetzen ist mit den Top 80 in Deutschland. Nach einem Jahr absoluter Aufopferung zog es mich ins beschauliche Bad Hersfeld, wo mit dem »L'étable« eine neue Aufgabe auf mich wartete, die nach knapp einem Jahr – ich war noch 29 – mit dem Michelin-Stern und der »Entdeckung des Jahres« in der FAZ den Höhepunkt meiner erträumten Ziele besiegelte.

Wurde der Druck zu groß, verabschiedete ich mich, denn heulen wegen etwas, was ich mit Herzblut mache, wollte ich nie wieder.

Mein Konzept: »Sterneküche kann jeder!«

Spaß, Genuss und Kreativität – meine drei wichtigsten Komponenten beim Kochen

Nachdem ich sozusagen gerade einen Seelenstrip hingelegt habe, liegt die Erklärung, worauf ich beim Kochen Wert lege, beinah auf der Hand: auf Spaß, kreative Entfaltung, die Möglichkeit abzuschalten und zu genießen. Denn was gibt es Schöneres, als etwas zu kreieren, das Menschen begeistert, abholt und total ins Schwärmen geraten lässt? Wichtig ist mir dabei vor allem die Qualität. Und jeder, der jetzt denkt: Qualität bekommt man nur durch qualitativ hochwertige Lebensmittel, dem gebe ich natürlich recht – aber nur bedingt!

Für mich heißt Qualität in erster Linie, etwas aus Leidenschaft zu tun, unabhängig vom Ergebnis. Von Bedeutung ist, wie man es macht. Und kochen sollte man immer mit Hingabe und Liebe! Die meisten scheitern an großartigen Rezepten aber nicht aufgrund mangelnder Begeisterung, sondern oft daran, dass die Gerichte zu komplex sind und Dinge erfordern, die sie noch nicht beherrschen. Deshalb kommen in unserem Kochbuch nur Lebensmittel und Techniken vor, die jeder anwenden bzw. kaufen kann! Erfreulicherweise ist dies auch zu 99 Prozent gelungen. (Hin und wieder darf man das ein oder andere Produkt gern upgraden – dazu aber später mehr.) Denn JEDER sollte in der Lage sein, sich und seinen Gästen etwas zu bieten. Ohne große Erfahrung, ohne technischen Firlefanz.

» Du willst wissen, ob in gehobenen Restaurants mit Fertigprodukten gekocht wird? Da zucke ich nur mit den Achseln und lächle verschmitzt: ›Alles kann, nix muss!‹ «

Um dem Ganzen Rechnung zu tragen, wurden in diesem Kochbuch hauptsächlich Zutaten verwendet, die es im Supermarkt zu kaufen gibt. Ja, teilweise sogar Fertigprodukte, womit wir gleich wieder bei dem Wörtchen »Qualität« wären. Sind »Fertigprodukte« immer mit »dem Bösen« gleichzusetzen? Nein, bei Fertigprodukten oder Convenience-Food handelt es sich um ein verändertes, vorgefertigtes Produkt. Und so fangen wir schon im Kleinen an – bei Essiggurken, H-Milch, Keksen, Fruchtjoghurt oder auch Nudeln –, uns über den Sinn oder Unsinn von Industrialisierung zu streiten. Wer möchte, kann natürlich alle in meinem Buch verwendeten Fertigprodukte selbst herstellen, hierzu gibt es im Netz genügend Anleitungen. Letztlich geht es aber immer um den Geschmack. Und an dieser Stelle fragst du, lieber Leser, dich bestimmt, wie das nun funktionieren soll: Wie entwickelt man Sternegerichte mit der Vorgabe »alles aus dem Supermarkt«? Ohne technisches Know-how? Nachdem ich da ganz in meinem Element bin, mein Kerngeschäft besteht ja hauptsächlich aus Kreativität, Fantasie und Geschmack, kann ich dir nur sagen: Alles entsteht im Kopf – auch und vor allem die Gerichte. Kopfkino eben.

Was ist Geschmack?

Wie entwickelt man nun ein Gericht? Auf welche Weise entsteht Geschmack im Kopf? Die Antwort ist simpel. Geschmacklich gespeicherte Erfahrungen werden mit bekannten Aromen kombiniert, strukturell verändert und bildlich neu zusammengesetzt. Wow, was für ein Satz! Sinnvoll? Auf jeden Fall kompliziert! Und nachdem dieses Buch alles andere sein soll, hier die verständliche Variante, die ich bei Kochkursen als Beispiel auf diese Frage immer gebe. Man stelle sich vor: eine Gurke! Schon mal gegessen? Bestimmt, ansonsten denk bitte an ein anderes, dir lieb gewonnenes roh essbares Gemüse. Also, zurück zur Gurke … Von der ganzen ungeschälten Gurke abbeißen – zack – erster Geschmack im Kopf, ich würde ihn wie folgt definieren: etwas grün und hart durch die Schale, feine milde Gurke danach, das Kerngehäuse saftig, matschig, schleimig und wässrig. Etwas vergessen? Ja, die Textur, also die Beschaffenheit – im Fall der Gurke: außen knackig, innen soft!

Für den Geschmackstest hervorragend geeignet: die Gurke bzw. Karotte

Mein Konzept: »Sterneküche kann jeder!«

So formschön aufgespießt schmeckt die Gurke beim Testen natürlich fantastisch

Wenn ich dir jetzt ein paar Fragen dazu stelle, wirst du ziemlich schnell merken, wie viel du eigentlich schon vom Kochen verstehst. Denn gut kochen bedeutet meiner Meinung nach nicht, irgendwelche wahnsinnig komplexen Gerichte nachzukochen und sich dabei toll zu fühlen, sondern sich aufs Wesentliche zu konzentrieren: Wie funktioniert was? Und vor allem warum? So, und jetzt kommen die Fragen. Falls du nicht alle beantworten kannst, sollte deine nächste Challenge darin bestehen, sie nachzuarbeiten – schließlich wirst du gerade Teil der Gastro und somit darf ich von dir auch ein gewisses Maß an Ehrgeiz erwarten, oder?

- Hast du schon mal eine ungeschälte und eine geschälte Gurke gegessen? Falls ja: Was schmeckt anders? Und warum?
- Bereits von der Gurke ein dickes Stück abgebissen? Und ebenfalls feine Gurkenscheiben gegessen? Falls ja: siehe oben.
- Auch Gurkensalat gekostet? Falls ja: Ab jetzt schenk ich es mir …
- Eine Gurke in Scheiben, Streifen oder Würfeln geschnitten versucht? Mit Essig und Öl? Oder mit Dill und saurer Sahne?
- Vorher gesalzen, damit die Gurke Wasser verliert? Ungesalzen zudem probiert? Mit Pfeffer oder ohne?
- Und so weiter und so fort …

Es sollten mindestens drei (!) Geschmacksbilder im Kopf entstehen, ansonsten würde ich dir raten, den Theorieteil direkt zu überspringen und einfach draufloszukochen. Denn auch durchs Machen kann man unheimlich viel übers Kochen lernen. Aber zurück zum Thema (die Gurke hat's wirklich in sich) … Anhand unseres Beispiels ist dir sicherlich klar geworden, wie Geschmack funktioniert. Womit wir gleich beim nächsten Punkt wären: dem Merken. Jeder behält es sich, wenn ihm etwas schmeckt! Und falls man dann noch weiß bzw. drüber nachdenkt, wie es zubereitet wurde, ist man schon ganz nah dran, ein Spitzenkoch zu werden! Der Rest wären Fleiß und Ehrgeiz. Wer

Je nach Glasöffnung weckt der Rotwein unterschiedliche Geschmackszonen auf der Zunge

dafür keine großen Ambitionen hegt, überzeugt seine Gäste am besten mit guten Lebensmitteln und ein paar spannenden Kombinationen von verschiedenen Aromen. Unter »guten« Lebensmitteln verstehe ich solche, die direkt vom kleinen Acker aus der Nähe oder dem eigenen Garten kommen: Lebensmittel mit Herz eben, bei denen man bereits beim Hinsehen den Unterschied schmeckt! Wer schon irgendwann mal ein unverarbeitetes Lebensmittel gegessen hat und sich dabei dachte: Wow, das schmeckt ja sensationell, der sollte sich unbedingt diesen einen Händler merken – und sich nach und nach für jedes Lebensmittel den Händler mit dem bestmöglichen Geschmack suchen.

Die fünf großen Geschmacksbilder im Mund

Süß, sauer, salzig, bitter und: umami – also wohlschmeckend! Letzteres wird in industriellen Lebensmitteln mittlerweile durch Geschmacksverstärker hervorgerufen und hat den scharfen Geschmack verdrängt. Um »den Geschmack« besser verstehen zu können, geht es nun in unserem nächsten Test. Nimm dazu bitte ein Getränk wie beispielsweise Orangensaft, Weißwein oder Rotwein und fülle es in unterschiedliche Gläser. In ein langes, dünnes mit schmaler Öffnung (wie etwa ein Sektglas), in eines mit breiter (zum Beispiel einen Rotweinkelch) und in ein Wasserglas. Beim Ansetzen der Gläser an den Mund wirst du schnell feststellen, dass der Winkel, in dem die Flüssigkeit in den Mund läuft, immer ein komplett anderer ist. Je nach Auftrittswinkel weckt die Flüssigkeit unterschiedliche Geschmackszonen: An der Zungenspitze nehmen wir primär süß, seitlich sauer und salzig und am Gaumen bitter wahr. Diese These ist zwar mittlerweile überholt, der Test funktioniert jedoch einwandfrei und man erkennt die verschiedenen Geschmäcke! Und genau so funktioniert Kochen – und das Ge-

Bei diesen Aufgaben geht es vor allem darum, sich darüber klar zu werden, was Geschmack ausmacht.

Mein Konzept: »Sterneküche kann jeder!«

So kann der »Wunschgeschmack« gern aussehen: feine Gurkenscheiben mit Kresse und Schmand

kochte schmecken auch. Wir nehmen Grundgeschmäcke aus dem Naturprodukt wahr und entscheiden uns, welchen Endgeschmack wir erzielen wollen. Dabei zu beachten wäre, welche Textur, also Konsistenz wir zum Schluss haben wollen, um unseren Wunschgeschmack zu vermitteln. Bei der Gurke können das »grobe Gurkenwürfel mit Schmand und grünem Pfeffer« oder »feine Gurkenscheiben mit gehackten Dillstängeln in Essig-Öl-Vinaigrette« sein. Wenn wir jetzt auch noch über die unzähligen Möglichkeiten bei Texturen, Garpunkten, Temperaturen, Größen und Formen sprechen, begreift man schnell, wie viele Optionen bestehen, um die einfachsten Lebensmittel mit ein paar Ideen in fantastische Geschmacksbilder zu transformieren.

Kombinationen und Aromen

Generell gilt: Es gibt Lebensmittel, die »matchen« besser miteinander als andere, und dann gibt es noch solche, die überhaupt nicht zusammenpassen. Denkt man. Stimmt aber nicht, denn es finden sich durchaus Wege, diese Zutaten geschmacklich miteinander in Einklang zu bringen. Nämlich in Kombination mit anderen Lebensmitteln, die mit beiden harmonieren. Stell dir zwei Lebensmittel vor: Eines, das du über alles liebst, und ein zweites, welches du hasst. Kombinierst du nun beide miteinander (natürlich nimmst du 80 Prozent vom Geliebten und nur maximal 20 Prozent vom Gehassten – wir wollen ja, dass es schmeckt), hast du eine Verbindung, die für dich akzeptabel ist. Fügst du jetzt noch eine Zutat hinzu, die kräftig überlagert und du gern isst

» Was möchte ich hier sagen? Einfach nur das zu kombinieren, worauf du Lust hast – funktioniert fast immer! «

(wie beispielsweise ein Gewürz, etwas Fettiges, Säure oder Süße), entsteht eine Zusammensetzung, die dir gut schmeckt. Zweimal hui, einmal pfui.

Bei einem »Sternegericht« arbeitet man relativ einfach ein Geschmacksbild um eine gewisse Süße heraus, weil diese von den meisten Menschen als lecker empfunden wird. Das soll aber nicht heißen, dass nun überall Zucker reinmuss! Viele Gemüse wie Karotten und Erbsen besitzen von Natur aus eine gewisse Süße – Früchte und Obst meist sowieso. Darauf aufbauend kann man mit Säure, Gewürzen, Fett usw. spielen, um die perfekte Mischung zu finden. Beispiel: Erbse und Physalis oder Erbse und Pflaume – beides harmoniert im Spiel zwischen Süße und Säure. Die »Erdigkeit« der Erbse schafft zudem einen interessanten Kontrast. Alternativ kann man über kräftige Aromen ebenso zum Ziel gelangen, allerdings deutlich schwerer, da mit vielen verschiedenen Aromen die Wahrscheinlichkeit sinkt, mehr Menschen geschmacklich zu erreichen.
Am besten und somit einfachsten bleibt die Kombination von umami – wohlschmeckend – sowie überraschenden Gewürzen oder Kräutern. That's it! Beispiel: Honig und Essig (gegebenenfalls etwas Wasser) und Kümmel (sofern man Kümmel mag, alternativ Koriander oder Petersilie). Essig und Honig sind süßsauer und somit umami, das Gewürz oder Kraut verblüfft. Jetzt mal kurz überlegen, wozu das alles passen könnte … zu Fleisch, Fisch, Gemüse, Beilage – bingo: zu verdammt vielem! Da wir zahlreiche Lebensmittel aus dem Supermarkt auf diese Weise kombinieren können, ohne uns die Arbeit und Mühe zu machen, sie selbst herzustellen, findest du in diesem Buch unglaublich viele Möglichkeiten für dein nächstes ultimatives Geschmackserlebnis. Also, viel Spaß beim Kombinieren und geschmacklichen Denken!

Erbse und Physalis – die Traumkombi im Spiel zwischen Süße, Säure und »Erdigkeit«

Haltbar machen – mit maximalem Geschmack

Chips zählen zu den paradiesischen Deko-Zutaten, die sich auch noch haltbar machen lassen

Wie kann man Lebensmittel, die man immer wieder braucht, aufbewahren und somit sofort verfügbar machen? Für mich sind diese Zutaten nämlich die Highlights des täglichen Kochens, um mal eben aus Profanem etwas Besonderes zu zaubern. Viele Lebensmittel, die dafür geeignet sind, gibt es bereits zu kaufen, sie verlieren aber nach dem Öffnen schnell ihre Frische. Deshalb eignen sich hier vor allem Methoden, die verhindern, dass Sauerstoff an und in die Produkte gelangt.

Vakuumieren

Einer der einfachsten Wege! Das klingt megakomplex – ist es aber nicht! Vakuumierer werden von preiswert bis teuer angeboten und besitzen die unterschiedlichsten Funktionen. Ein Einstiegsmodell genügt für jemand Unerfahrenen aber völlig, schließlich wollen wir nur eines: die Luft rauslassen. Also, mit dem Lebensmittel ab in den Beutel, damit dann ins Gerät und binnen Sekunden ist der meiste Sauerstoff aus dem Beutel verschwunden – und somit das Lebensmittel deutlich länger haltbar gemacht. Nicht überzeugt? Dann teste mal selbst und vergleiche geschnittene Wurst, die sich offen im Kühlschrank befindet, mit vakuumierter, da sieht man sofort den Unterschied.
Schneidet man den Beutel nur am Rand auf, kann man die Tüten auch wunderbar wiederverwenden! Nach anfänglichem Herumprobieren und der Suche nach einem festen Platz in der Küche für mich ein Musthave! Vakuumieren kann man fast alles: Chips, geöffnete Konserven, Fleisch und Fisch, rohes sowie gegartes Gemüse, Obst usw. Spannend zu erwähnen ist noch, dass man sogar vakuumiert garen (sous-vide) und super marinieren kann. Selbst die Texturen können sich durch den entstandenen Druck modifizieren – diesen Prozess macht sich auch

Ob getrocknetes Obst oder vakuumierte Wassermelone – der Geschmack hält lange vor

gern die »Sterneküche« zunutze. Simples Beispiel: Wassermelone vakuumieren. Durch den Druck, der beim Entziehen der Luft entsteht, wird die Melone gepresst, ihre Struktur zerstört und der rote Farbstoff freigesetzt. Dadurch verändert sich die Melone nicht nur farblich und von der Konsistenz, sondern auch geschmacklich – sie wird intensiver.

Einfrieren

Eine der einfachsten und gängigsten Methoden. Darauf möchte ich an dieser Stelle nicht groß eingehen, weil das eigentlich jeder kennt. Nur ein wichtiger Hinweis: Je besser alles verpackt ist, desto länger hat man auch was davon. Und je langsamer und schonender das Auftauen vor sich geht, umso höher die Qualität. Am besten ist es also, Lebensmittel in vakuumiertem Zustand einzufrieren!

Trocknen

Zum Trocknen von Lebensmitteln eignen sich vor allem Dörrautomaten, sogenannte Dryer, alternativ tut es auch der gute alte Haushaltsofen. Mit einem Dörrgerät spart man jedoch Zeit, Energie und bekommt ein gleichmäßigeres Ergebnis. Trocknen bzw. Dörren findet hauptsächlich Verwendung bei Obst, Gemüse und Kräutern, hin und wieder bei Fleisch und Fisch. Es funktioniert außerdem perfekt, um Chips, Trockenfrüchte, Kräuterdekos oder Gemüsebrühe herzustellen, denn beim Trocknen wird dem Lebensmittel Wasser entzogen und so die Angriffsfläche minimiert – was zur Haltbarkeit führt! Je trockener das Lebensmittel, desto länger ist es haltbar. Mein Rezept für Gemüsebrühpulver auf der nächsten Seite geht nach dem gleichen Schema vor und schmeckt natürlich superlecker …

Da ich diesen ›Job‹ seit über 25 Jahren mache, weiß ich: Vakuumieren oder Trocknen ist das einzig Wahre.

Gemüsebrühpulver

Zutatenliste für ca. 500 g Pulver

›› 20 min Zubereitungszeit
Start: 24 h vorher

1 Knollensellerie
10 Karotten
3 Petersilienwurzeln
alternative Gemüsesorten: Tomaten, Zucchini etc.

---

8 Schalotten
1 Lauchstange
6 Frühlingszwiebeln
2 Knoblauchzehen
2 Bund Petersilie
2 Bund Liebstöckel

---

100 g Meersalz

Dosierung fertiges Brühpulver:
ca. ½ TL je 100 ml Wasser

1. Das Wurzelgemüse (Knollensellerie, Karotten und Petersilienwurzeln) auf einer Vierkantreibe grob raspeln. Wer hat, kann natürlich die Küchenmaschine mit dem Reibeaufsatz verwenden.

2. Schalotten in kleine Würfel, Lauch und Frühlingszwiebeln in feine Ringe schneiden. Den Knoblauch und die Kräuter fein hacken.

3. Geraspeltes Wurzelgemüse, Schalotten, Lauch, Frühlingszwiebeln, Knoblauch und Kräuter miteinander vermischen und gleichmäßig auf 3 Backbleche mit Backpapier verteilen. Bei 80 °C Umluft für 6–9 Stunden im Ofen trocknen lassen. Damit die Feuchtigkeit beim Trocknen verdunsten kann, klemmt man – zumindest zu Beginn – einen Holzlöffelstiel oben in die Ofentür (gegebenenfalls das Küchenfenster offen lassen, damit die Feuchtigkeit entweichen kann). Alternativ darf man gern einen Dörrautomaten benutzen. Alles muss richtig getrocknet sein, sonst fängt das Pulver später an zu schimmeln. Falls das Backpapier zu feucht ist, sollte man es nach der Hälfte der Zeit austauschen. Nach dem Trocknen werden die Gemüsestückchen in einem Mixer zerkleinert und mit Meersalz vermischt. Am besten bewahrt man die fertige Brühe in kleinen Gläsern mit Schraubverschluss auf, damit das Pulver nicht feucht wird.

Kräuter: klein, aber oho!

Pasten aus frischen Kräutern lassen sich auch megaleicht selbst herstellen

Immens wichtig für die Sterneküche sind natürlich: Kräuter. Egal, ob frisch oder getrocknet. Wie stellt man nun aber mit frischen bzw. getrockneten Kräutern auf einfache Weise einen außergewöhnlichen Geschmack her? Damit aus dem Leitfaden kein »Leid«faden wird, gibt es hier kurze Antworten auf diese durchaus relevante Frage …

Frische Kräuter

Ich rate gern dazu, kurzerhand zu experimentieren! Natürlich sollte dabei zwischen milden und kräftigen Kräutern unterschieden und dementsprechend auch sorgsam portioniert werden. Setzt man Kräuter nämlich zu dominant ein, überlagern sie durch ihr Aroma den Geschmack vieler anderer Lebensmittel! Ich selbst verwende Kräuter jedoch bewusst häufig und auch konzentriert. Der Grund dafür ist denkbar einfach: Es entsteht ein intensiver Geschmack – und genau das ist mein Ziel. Am besten stellt man sich Pasten aus frischen Kräutern her (viele Kräuter nach und nach mit so wenig Öl oder Wasser wie möglich mixen), die man dann wunderbar in kleinen Mengen (etwa in Gläsern) einfriert. Somit sind sie schnell verfügbar – erwärmt man sie in der Mikrowelle, sogar sofort. Zweck dieser Übung ist, den maximalen Krautgeschmack in die kleinste Dosis zu bekommen, denn in die Länge strecken können wir am Ende immer noch. Für mich sind die Favoriten dabei schnell definiert:

- Basilikum
- Minze
- Petersilie
- Dill

» Zum ein oder anderen Kraut kann ich durchaus was sagen – das hab ich ja bereits in unterschiedlichsten Variationen geschmacklich wahrgenommen. «

Diese vier Kräuter eignen sich zum Aromatisieren von fast allem, passen also ausgezeichnet zu Gemüse, Fisch, Fleisch, Salat, Obst etc. Je nach Laune dosiert unterstützen und ergänzen sie von Vorspeise über Hauptgericht bis hin zum Dessert ein ganzes Menü. Sie können als besondere Komponente ein Gericht aber auch sehr wuchtig daherkommen lassen. Darüber entscheiden schlussendlich die Menge und Konzentration. Salbei, Liebstöckel sowie Koriander darf man natürlich ebenfalls verwenden, man sollte sich allerdings über den intensiveren Grundgeschmack im Klaren sein und die Kräuter dementsprechend vorsichtig gebrauchen.

Getrocknete Kräuter

Getrocknete oder gerebelte Kräuter sind ein Ersatz für frische Kräuter, vorzugsweise eignen sie sich für alle Vorgänge rund ums Kochen und Verarbeiten. Heißt: für alles, was »Geschmack zieht« oder »auslaugt«. Da getrocknete Kräuter – im Vergleich zu frischen – optisch meistens untergehen, passiert man sie vor dem letzten Schritt heraus! Das Aroma bleibt glücklicherweise erhalten. Zu meinen uneingeschränkten Favoriten zählen:

- Kräuter der Provence
- Italienische Kräuter (wer möchte, kann diese noch separieren)
- Oregano
- Koriander
- Liebstöckel

Nachdem viele dieser Kräuter meist schwer frisch zu bekommen sind, ist die Handhabung mit Trockenkräutern hier deutlich einfacher. Wer möchte, kann diese Kräuter auch selbst trocknen und pulverisieren.

Den maximalen Krautgeschmack in die kleinste Dosis bekommen – das funktioniert auch super mit Salbei

KRÄUTER DER PROVENCE:
Eine Kräutermischung, die immer aus Thymian, Rosmarin und Bohnenkraut besteht und ausgezeichnet zu kräftigen, aromatischen Zutaten passt.

BASILIKUM:
Frisches Basilikum erzeugt sofort einen unglaublichen Kräutergeschmack und überlagert damit erst mal alles andere. Nachdem die erste Wucht verflogen ist, weicht es aber schnell in den Hintergrund.

KORIANDER:
Der Koriandersamen ist herb-würzig und besitzt einen süßlichen Nachgeschmack. Besonders exotisch schmecken die Körner, wenn sie angeröstet und dann gemahlen werden.

ITALIENISCHE KRÄUTER:
Ein Hauch Italien! Typische Kräuter in dieser Mischung sind Oregano, Basilikum, Majoran und Rosmarin. Sie runden Gemüse sowie Beilagen wunderbar ab.

PETERSILIE:
Der würzige, grasige Geschmack der Petersilie eignet sich hervorragend, um Gerichten einen angenehm frische Note zu verleihen.

DILL:
Sein Geschmack hat es in sich! Mit seinem typisch kräftigen herb-süßen Aroma passt er nicht nur zu Fisch und Gurke, sondern gibt auch Fleisch und Beilagen eine völlig neue Geschmacksrichtung.

LIEBSTÖCKEL:
Bekannter unter dem Namen Sellerie- oder Maggikraut zählt er zu einem der wichtigsten Gewürzkräuter in der europäischen Küche. Er schmeckt zu Fleisch und Fisch ebenso wie in Eintöpfen und Suppen.

OREGANO:
Eines der wichtigsten mediterranen Kräuter. Aufgrund seines aromatisch herben Geschmacks ist der Dost in der Mittelmeerküche unverzichtbar.

PFEFFERMINZE:
Ein Klassiker im Dessertbereich! Sie kann aber ebenso gut bei Gerichten wie Hühnchen etc. verwendet werden. Je mehr Minze, umso größer wird der Kontrast des Gerichts und desto stärker dürfen die anderen Komponenten sein!

Gewürze: absolut sterneverdächtig

Die ganze Palette der Aromen findet man in den Gewürzen und Gewürzmischungen

An erster Stelle steht einer meiner absoluten Favoriten: Koriander! Und ja, der zählt als gemahlenes Pulver aus den Samen ebenso zu den Gewürzen wie mit den Blättern als Kraut (kleine Schlaubergerwarenkunde, höhöhö). Koriander wird in Asien, aber auch in Lateinamerika so häufig verwendet wie bei uns die Petersilie. Den seifigen, frischen Geschmack des Grüns mag allerdings nicht jeder, das ist – nach derzeitigem Stand der Wissenschaft – genetisch bedingt. Für mich ist es jedoch das Gewürz schlechthin: Mit ihm kann man nicht nur Vor- und Hauptspeisen abrunden, auch im Dessertbereich eignet sich beispielsweise eine mit Koriander aromatisierte Frucht perfekt als außergewöhnliche »spicy« Komponente! Dicht gefolgt kommen:

›› Curry

Eine Gewürzmischung, in der klassisch vor allem Kurkuma, Koriander, Kreuzkümmel, Bockshornklee, Ingwer, Kardamom, Senf und Zimt enthalten sind. Ihre gelbliche Farbe erlangt es durch Kurkuma, die sich in allen Currys befindet.

›› Kümmel – alle Arten und Varianten

Kümmel hat ein herbes Aroma, ist aber deutlich milder als Kreuzkümmel, was ihn ideal zum Kombinieren mit anderen Gewürzen macht. In Gerichten sorgt Kreuzkümmel wiederum für die besondere Note und erzeugt einen Hauch Asien.

›› Paprika

Durch unterschiedliche Sorten – edelsüßes, rosenscharfes, halbsüßes oder scharfes Paprika – kann man sowohl dominante wie auch ganz feine Nuancen kreieren.

Koriander und Ingwer: zwei Stars in meiner Sterneküche

›› Muskat
Die Nuss weist ein sehr würziges Aroma auf und schmeckt leicht bitter. Sie verfeinert herzhafte, aber auch süße Gerichte und verleiht ihnen einen leicht exotischen Geschmack.
›› Wacholder
Er schmeckt süßlich würzig, leicht harzig bitter und riecht sehr kräftig. Als ganze Beere, zerdrückt oder grob zerstoßen kann man damit vieles würzen. Mein Tipp: Wacholderbeeren im Ofen bei niedriger Temperatur trocknen und in eine Pfeffermühle füllen – so hat man immer fein gemahlenen Wacholder zur Hand.
›› Chili
Das Pulver ist eine scharfe Gewürzmischung aus den Grundzutaten Cayennepfeffer, Kreuzkümmel, Knoblauch und Oregano. Man darf es nicht verwechseln mit fein gemahlenem Chili, der im deutschsprachigen Raum als Cayennepfeffer gehandelt wird. Chilipulver hat eine relativ geringe Schärfe und eignet sich wunderbar, um Speisen einen außergewöhnlichen Kick zu geben.
›› Ingwer
Er weist eine leichte Zitrusnote auf, ist fruchtig scharf, besitzt ein süßliches Aroma und gleichzeitig einen durchaus erdigen Geschmack. Ingwer setze ich nur selten – aber dann gezielt – ein, damit ein Gericht oder eine Zutat spannender wird. Die Säure, Frische und das Exotische des Ingwers bringt das Gericht in eine leicht scharfe, außergewöhnliche Richtung.

Für mich hat jedes dieser Gewürze einen besonderen Geschmack und kann einem Gericht so eine spezielle Note verleihen. Darüber hinaus spielen ihre Aromen ausgezeichnet mit denen von Gemüsen, passen in Fonds, Saucen, Dressings und Brühen, als Öl oder einfach »nur« als Pulver auf den Teller gestreut.

Jeder mit zehn Prozent Fingerfertigkeit und 90 Prozent Willen kann einer der besten Köche werden – sofern er sich der harten Gastrorealität stellt.

CHILI:
Vielseitig einsetzbar ist das Chilipulver. Mit ihm wird sowohl in der Tex-mex-Küche als auch im Rest der Welt mehr oder weniger sparsam gewürzt.

MUSKAT:
Die Muskatnuss gibt es auch gerieben als Pulver – so kann sie besonders leicht dosiert werden.

PAPRIKA:
Paprika kennt jeder und ist wohl das meist unterschätzte Gewürz, obwohl es so abwechslungsreich daherkommt.

CURRY:
Die Zusammensetzung der exotischen Gewürzmischung variiert und kann bis zu 36 verschiedene Einzelgewürze enthalten.

INGWER:
Er gibt Zutaten eine ganz besondere Richtung – auch in kleinen Mengen. Das Ingwerpulver erzeugt eine gewisse Schärfe und leichte Säure.

KORIANDER:
Die Samen können – genauso wie das Pulver – verschiedenartig verwendet werden und verfeinern deshalb sowohl Hauptgerichte als auch Desserts.

WACHOLDER:
Er passt sehr gut zu Fleisch- und Wildgerichten, aber auch zu Fisch, Sauerkraut, Kohl, Pasteten und eingelegtem Gemüse.

KÜMMEL:
Vor allem Gerichte wie Kohl, Suppen und Braten eignen sich, um sie mit Kümmel zu würzen. Kreuzkümmel hingegen hat einen starken Eigengeschmack, der gezielt eingesetzt werden sollte.

Fisch und Fleisch – die überbewerteten Hauptzutaten

Frischer geht's nun wirklich nicht – mit dem Fisch aus dem Weiher von nebenan

Nachdem es beim Kochen auf Geschmack ankommt, zählt für mich in dieser Kategorie nur eines: Produktfanatismus! Deshalb sollte man immer auf der Suche nach dem besten Produkt sein, was nicht gleichzusetzen ist mit dem teuersten. Einen schönen frischen Fisch aus dem Weiher von nebenan oder ein ordentliches Stück Fleisch vom Metzger seines Vertrauens ist meist besser als ein teures importiertes, über Tage transportiertes Stück Fleisch, von dem man weder die Herkunft noch die Haltung überprüfen kann. Letztlich spreche ich hier aber von Dingen im High-End-Bereich, ein sogenanntes »nice to have«, jedoch kein Must-have. Was zählt, ist allein, dass man beim Kauf von Fleisch und Fisch im Reinen mit sich selbst sein sollte, denn Geschmack ist genauso variabel wie der Anspruch an Lebensmittel.

Bei vielen meiner Rezepte ist es geschmacklich eher nebensächlich, wie qualitativ hochwertig das Lebensmittel ist. Man sollte – meiner Meinung nach – generell die Hauptkomponente Fleisch und/oder Fisch »pur« betrachten und den Geschmack nur wenig verändern, beispielsweise, indem man würzt, mariniert oder durch die Zuberei-

» Sensationell gut kochen ist keine Hexerei, Materialschlacht oder Technikaffinität, sondern ausschließlich das Kombinieren von Spaß, Lebensmitteln und Erfahrung. «

tungsart. Es ist nämlich wesentlich einfacher, erst einen Geschmack in einem Gericht aufzubauen und dann am Ende die Fleisch- bzw. Fischart zu bestimmen, die dazu am besten passt. In diesem Buch werden viele der gängigsten Fleisch- und Fischsorten verwendet, fast alle sind vom Ergebnis her als weich bzw. soft einzuordnen und somit leichter in ein Gericht einzuarbeiten. Gern kann man aber mit den unterschiedlichsten Zubereitungsarten variieren und experimentieren. Hier nun ein Auszug der verwendeten Fleisch- und Fischsorten aus den Rezepten aus »Sterneküche kann jeder!« …

Fleisch

Rinderfilet, Rinderbäckchen, Lammrücken, Lammkeule, Entenbrust, Hähnchenbrust, Hähnchenkeule, Schweinebauch, Blutwurst, Leberwurst, Weißgelegter, Pfefferbeißer, Salsiccia, Cevapcici.

Fisch und Meeresfrüchte

Lachs, Kabeljau, Saibling, Forelle, Thunfisch, Waller, Pulpo, Jakobsmuschel, Garnele, Miesmuschel, Makrele, Rauchforelle, Flusskrebs, Shrimp, Kaviar.

Beilagen

Was ist eigentlich mit Beilagen? Reis, Kartoffeln, Spätzle, Nudeln und vielem mehr? Bitte nicht enttäuscht sein, aber sie wird man bei den Gerichten so gut wie fast gar nicht finden! Wie der Name schon sagt, dienen Sättigungsbeilagen der Sättigung und haben meist recht wenig mit einer geschmacklichen Note oder etwas Besonderem zu tun. Versteh mich nicht falsch, es gibt für mich nichts Besseres als ein grandios selbst gemachtes Kartoffelpüree, aber das kann ich sowohl pur essen als auch zu fast allem ergänzend kombinieren! Wer nicht darauf verzichten will, darf natürlich gern Beilagen einbauen – sollte sich dann aber beim Essen hinterfragen, ob sie wirklich zwingend notwendig gewesen wären.

Jakobsmuscheln, aber auch Kartoffelstampf kann man immer »pur« essen oder ergänzend kombinieren

Besondere Zutaten der »Sterneküche«

Schwarze Nüsse – ein extravagantes Highlight in jedem Gericht

Bis hierhin haben wir nun gemeinsam die Basics thematisiert. Bist du bereit für den nächsten Schritt? Für das Außergewöhnliche an der »Sterneküche«? Ich denke schon. Hier geht es ums Finalisieren, darum, den entscheidenden Schritt zu wagen und etwas Einzigartiges zu kreieren. Dabei helfen Lebensmittel genauso wie Equipment, Lifehacks, das Anrichten – einfach alles, was dazu beiträgt, dass ein fertiger Teller etwas Magisches bereithält. Beginnen wir also bei den besonderen Lebensmitteln, wobei ich hier noch zwischen den Lebensmitteln unterscheiden möchte, die ein Gericht geschmacklich sowie von der Textur her verändern.

Die etwas andere Geschmacksnote

Schwarze Nüsse ...

... sind wahnsinnig süß und ähneln geschmacklich mehr Oliven als Nüssen. Gehackt, in dünne Scheiben geschnitten oder als Püree gemixt – sie unterstützen bei allem, was süß schmecken soll.

Pankomehl

Ein super Ersatz für Semmelbrösel: Es wird aus einem extra hergestellten Brot gewonnen und schafft so beim Frittieren oder Panieren ein wesentlich knusprigeres Ergebnis als herkömmliches Paniermehl.

Wasabipaste ...

... besticht durch ihre Fähigkeit, eine dosierbare, schnell wirkende Schärfe zu erzeugen, die abrunden, aber auch dominieren kann.

Mit Smoothies und Ölen lassen sich ungeahnte Geschmacksrichtungen zaubern

Öle

Durch ihre unterschiedlichen Noten – von mild, säuerlich bis hin zu speziellen Bittertönen – eignen sie sich wunderbar als besondere Ergänzung in Speisen oder bei der Zubereitung. Das Leinöl mit seinem würzig nussigen Geruch ist hier mein Liebling.

Smoothies

Die perfekten und ausgewogenen Geschmacksverstärker, da sie meistens aus unterschiedlichen Lebensmitteln hergestellt werden. Durch ihre feine und milde Geschmacksvielfalt gliedern sie sich problemlos ein und runden viele Zutaten ab.

Soja- und Teriyakisauce ...

... sind stark würzige Angelegenheiten mit einem eigenen Aroma und müssen deshalb äußerst vorsichtig dosiert werden.

Ducca

Eine orientalische Gewürzmischung aus Sesamsaat, Kichererbsen, Korianderkörnern, Kreuzkümmel, schwarzem Pfeffer, Thymian sowie Minze. Erzeugt vor allem bei Gerichten mit rohen bzw. eingelegten Zutaten ein wunderschönes Aroma, ohne dabei zu dominieren.

Fonds aus Gemüse, Fisch, Fleisch etc.

Das flüssige Gold! Sie bilden die Basis für Suppen sowie Saucen und könnten mit viel Liebe und Aufwand auch selbst hergestellt werden – oder aber einfach gekauft, nach Belieben verfeinert sowie ergänzt, wie das bei unseren Rezepten der Fall ist.

Dieser Teil führt meist zu unbändigem Heißhunger. Deshalb solltest du unbedingt gleich ein paar Sachen probieren.

SCHWARZE NÜSSE:
Sie schmecken würzig-süß nach dem Sirup, in dem sie eingelegt wurden – mit einer feinen nussigen Note.

WASABIPASTE:
Hinter der Schärfe, die durch den hohen Gehalt an Senfölen verursacht wird, versteckt sich ein frischer krautiger und leicht süßlicher Geschmack.

DUCCA:
Keines der enthaltenen Gewürze schmeckt aus dieser Mischung stark vor und so erzeugt Ducca einen Hauch Orient, ohne dass man es bemerkt.

LEINÖL:
Mein absoluter Favorit aufgrund seiner erdigen, leicht muffigen Note. Leinöl ist jedoch nicht jedermanns Sache und sollte vorsichtig dosiert werden.

PANKOMEHL:
Es ist heller als die meisten Panaden der westlichen Küche und sorgt für eine besonders zarte sowie luftige Textur.

SOJA- UND TERIYAKISAUCE:
Einer gut fermentierten Sojasauce sagt man nach, dass sie alle fünf Geschmacksrichtungen ausbalanciert: salzig, süß, bitter, sauer und umami. Ebenso vielseitig einsetzbar ist die Teriyakisauce – sie ist sowohl zu Fleisch und Fisch als auch als Marinade, Dip oder zum Glasieren von Gebratenem geeignet.

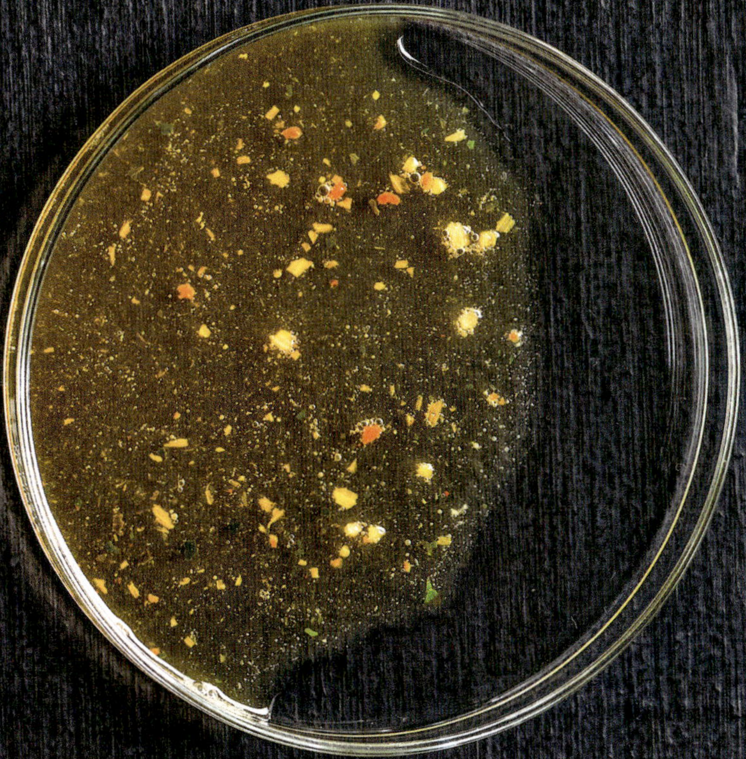

FONDS:
Egal, ob Gemüse-, Kalbs- oder Hummerfonds – sie sind das unverzichtbare Tüpfelchen auf dem i und verleihen jedem Gericht einen intensiven Geschmack.

SMOOTHIES:
Die »Obst-Smoothies« schmecken meist relativ süß, während die sogenannten »grünen Smoothies« durch ihr Blattgemüse bzw. ihre Gartenkräuter eher herb sind.

Besondere Zutaten der »Sterneküche«

Pfeilwurzelstärke: ein wunderbares Bindemittel und ein super Ersatz für Speisestärke

Texturen – das A und O jeden Gerichts

Pfeilwurzelstärke
Die perfekte Alternative zur Speisestärke! Sie führt zu einem gelierenden Ergebnis mit viel Glanz ohne den typischen Stärkegeschmack.

Trennspray
Flüssiges Fett in Sprayform – zum vorherigen Einfetten und einfacheren Lösen aus der Form.

»Gelcrem cold« und »Gelcrem hot«
Beides Bindemittel, die in kalte oder warme Flüssigkeiten gemixt werden, um einen stabilen Dip, ein kompaktes Gel etc. zu bekommen.

Emulsionant
Durchs Untermixen bindet es Wasser sowie Fett und eignet sich deshalb hervorragend, eine Vinaigrette oder Creme herzustellen.

Xanthan
Zum Eindicken von Flüssigkeiten – aber Vorsicht: Bereits bei geringer Dosierung quillt es extrem auf.

Sojalecithin
In wenig öligen Flüssigkeiten gemixt sorgt es für ein typisches Badewannenfeeling. Blubberblasen mit Geschmack! Einfach den Sud von eingelegten Oliven mit Sojalecithin mixen – schon hat man Olivenluft!

»Glicerina«, »Dextrosa«, »Stab 2000«, »Super Neutrose«, »Procrema 100«, »Prosorbet 100«
Alle Produkte sind für die Eisherstellung ohne Eismaschine ebenso hervorragend geeignet wie zur Stabilisierung. Zusätzlich gewährleisten sie das cremige Gaumengefühl.

Basisrezept Rahmeis

Zutatenliste für ca. 300 g

›› 5–10 min Zubereitungszeit

150 ml Milch (3,5 % Fett; Zimmertemperatur)
100 g Sahne (33 % Fett)
30 g »Procrema 100«
6 g »Glicerina«
3 g »Dextrosa«
Optional: 0,5 g »Stab 2000« und 0,5 g »Super Neutrose«

Alle Zutaten miteinander verrühren bzw. mixen. Das Basisrahmeis kann auch eingefroren und bei Bedarf zum Beispiel mit tiefgekühlten Früchten, Marmeladen, Chutneys etc. gemixt werden.

Basisrezept Sorbet

Zutatenliste für ca. 300 g

›› 5–10 min Zubereitungszeit

250 ml Wasser (Zimmertemperatur)
30 g »Prosorbet 100«
6 g »Glicerina«
3 g »Dextrosa«
Optional: 0,5 g »Stab 2000« und 0,5 g »Super Neutrose«

Alle Zutaten miteinander verrühren bzw. mixen. Das Basissorbet kann auch eingefroren und bei Bedarf zum Beispiel mit tiefgekühlten Früchten gemixt werden.

Küchenequipment – das Herzstück einer jeden Küche!

Hier muss man nicht rotsehen: Alles, was das Herz begehrt, ist vorhanden!

Die gute Nachricht vorab: Man benötigt für alle Rezepte KEINE besonderen Küchenutensilien! Für mich als Equipment-Fanatiker sind sie jedoch absolut unerlässlich, denn Fakt ist: Je mehr Equipment, desto größer sind die gestalterischen Möglichkeiten. Da ich jetzt aber nicht mit Dingen wie Rotationsverdampfern, Ultraschallhomogenisatoren, Sous-vide-Geräten etc. anfangen will – dies auch nicht dem Buch entspricht –, beschränken wir uns auf zwei unterschiedliche Equipments: auf Notwendiges (Basics) und sinnvolles Luxusequipment (Bonus). Und dabei möchte ich wiederum zwischen Küchen- und Anrichteequipment differenzieren. Hier gibt es nämlich durchaus Unterschiede.

Basic-Küchenequipment

Kleiner Tischmixer mit vierflügligem Messer

Durch seine vier Messer ist er bestens geeignet, um kleine Mengen an Pasten, Pürees, Salsas, Ölen und Dips herzustellen.

» Ich liebe Technik und was man damit alles machen kann! Manches übersteigt meinen Horizont, aber benutzt wird es trotzdem – irgendwas bringt's schon. «

Stabmixer
Zum Mixen von einfach allem! Und gleichzeitig die einfachste Alternative zum Tischmixer. Meiner Meinung nach sollte man aber unbedingt beides zu Hause haben.

Rührgerät
Die elektrische Variante zum Schneebesen und eine kraftsparende Anschaffung. Absolut wichtig zum Verrühren sowie Unterheben. Es gibt wohl keinen Haushalt mehr, der dieses Gerät noch nicht besitzt, oder doch?! Dann bitte die Schneebesen dazu mit jeweils feinen und groben Drähten kaufen.

Elastischer und fester Teigschaber
Auch diese beiden dürfen in keiner Küche fehlen. Mit ihnen kann man Teige und Cremes nicht nur aus Schüsseln herausholen und auskratzen, sondern auch wunderbar verstreichen.

Die Vierkantreibe
Ein Klassiker, der immer noch gefragt und ideal zum Reiben in unterschiedlichen Stärken ist.

Feines Passiersieb
Filtert absolut zuverlässig Stückchen heraus. Mit ihm kommt man jederzeit vom Groben ins Feine …

Schalen, Dosen etc.
Wirklich wichtig zum Einfüllen, Eingießen sowie auch zum Glattstreichen von Cremes und Mousses. Unterschiedliche Höhen sind für ein flexibles Ergebnis nämlich unabdingbar!

Schäler in Standardgröße
Eignet sich hervorragend zum Schälen von Obst und Gemüse – mehr muss man dazu wohl nicht sagen.

Das Bonus-Küchenequipment gibt's dann auf der nächsten Seite in Bild und Farbe – Luxus eben …

Mit einem feinen Passiersieb lassen sich auch noch die kleinsten Kerne herausfiltern

Küchenequipment de luxe

BRIEFWAAGE: Manchmal muss man es halt ganz genau nehmen! Für Rezepturen mit Kleinstmengen sind Briefwaagen einfach Gold wert!

WINKELPALETTEN: Wichtig sind große und kleine, aber auch kurze Winkelpaletten zum besseren Verstreichen, für problemloses Wenden sowie Drehen.

GEWÜRZ-/TEEBEUTEL: Natürlich wiederverwendbar! Ideal, um feste Gewürze wie Zimt, Gewürznelken, Lorbeerblätter etc. nicht einzeln aus Saucen, Suds und Suppen fischen zu müssen.

FLEXIPAN-MATTEN:
Damit ja nix krumm und schief wird, gibt es auch sie in unterschiedlichen Größen und Formen. Superleicht zum Einfüllen, außerdem Backofen-geeignet.

PINZETTEN:
Wenn es ganz präzise sein soll, sind diese Werkzeuge ein Must-have. Unbedingt in Groß und Klein besorgen, damit nicht nur essbare Blüten angebracht, sondern auch Fischgräten entfernt werden können.

Equipment zum Anrichten & Dekorieren

AUSSTECHERSET:
Bestens geeignet, um Tatars, feine Salate oder Gemüse auszustechen bzw. Mondsicheln, Kreise etc. dort hineinzudrücken.

KUGELAUSSTECHER:
Eigentlich basic! Egal, ob es darum geht, große formschöne Kugeln aus frischer Wassermelone oder kleine aus gegarter Roter Bete auszuschneiden.

ANRICHTESET:
Ein wahres Luxusprodukt! Gibt es in vier verschiedenen Formen (rund, oval, dreieckig, quadratisch), um präzise zu stempeln.

SPRITZFLASCHE:
Leichte Handhabung bei gleichzeitig exaktem Ergebnis und einer Vielzahl an Möglichkeiten – auch durch die unterschiedlichen Aufsätze.

PVC-ROHRE:
Direkt aus dem Baumarkt – Kochen ist eben doch Handwerk! Zum exakten Einfüllen von Mousse und Cremes ebenso wie zum Ausstechen.

EISPORTIONIERER:
Eignen sich nicht nur für Eiskugeln, sondern durch ihre unterschiedlichen Größen zum In-Form-Bringen von Pürees, Cremes und Mousses.

SAHNESPENDER & CO_2-KAPSELN:
Um aus Pürees oder Mousses luftigen Schaum herzustellen. Achtung: Die Massen dürfen keine Stücke enthalten und müssen fein sein – sonst verstopft die Düse!

Lifehacks – so einfach geht's

Ungewöhnlich, aber absolut praktisch: Glas- oder Becherdeckel als ideale Ausstecher

Perfekt formen

Die Formen mit kaltem Wasser einmal komplett ausspülen, anschließend mit Frischhaltefolie oder Backpapier auslegen und in den Ecken glatt streichen. So haftet die Folie wunderbar und die Ecken werden beim Ausstechen und Einfüllen perfekt definiert.

Günstig ausstechen

Wer keine teuren Ausstecher kaufen möchte, lässt sich im Baumarkt einfach Formen aus PVC zurechtschneiden. Diese gibt es in verschiedenen Varianten, sie lassen sich wunderbar befüllen. Vorher mit Trennspray einfetten und schon funktioniert das Herauslösen problemlos.

Rund ausstechen

Für die meisten weichen Massen wie Mousses oder Cremes eignen sich hervorragend Gegenstände, die jeder zu Hause im Kühlschrank oder Küchenbuffet hat. Am besten verwendet man Glas-, Becher- oder Tassenränder, aber auch der Puderzuckerstreuer ohne Deckel erfüllt den Zweck genauso gut wie die Schraubverschlüsse von Senf- oder Tomatenmarktuben.

Ohne Haut und Haar

Um zu verhindern, dass sich bei abgefüllten Cremes oder Pürees während der Lagerung eine Haut bildet (oder sich irgendwelche fremden Partikel darauflegen), bedeckt man die Masse direkt nach dem Einfüllen mit Frischhaltefolie. Auch hier sollte die Frischhaltefolie direkt aufliegen und sich keine Luft dazwischen befinden.

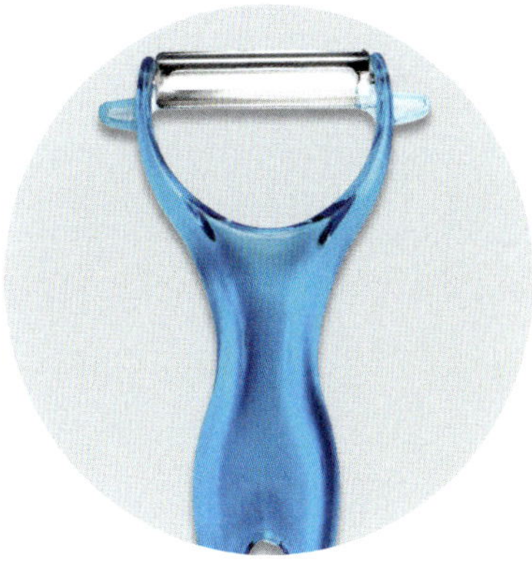

Der XL-Schäler ersetzt jede Aufschnittmaschine aufs Feinste

Trocknen in der Mikrowelle

In einer Mikrowelle kann man mit Porzellan oder Mikrowellengeschirr und ein bisschen Feingefühl fast alles trocknen. Generell gilt: Übung macht den Meister! Also lieber etappenweise die Mikrowelle nutzen und eine niedrigere bis mittlere Stufe einstellen. Bevorzugt bei ungefähr 360 Watt je nach Größe sowie Beschaffenheit des Lebensmittels zwischen zwei und fünf Minuten in die Mikrowelle geben – und den Vorgang so oft wiederholen, bis alles getrocknet ist.

Special: Kräuter trocknen

Dafür den Rand eines Tellers mit Wasser einreiben und den Teller mit Frischhaltefolie bespannen. Das Wasser dient hier als Kleber. Die gezupften Blätter der Kräuter danach auf die Folie verteilen. Achtung: Unbedingt einen Abstand zwischen den Blättern lassen, damit diese gleichmäßig trocknen können. Anschließend den Teller bei mittlerer Stufe (ca. 360 Watt) je nach Sorte im 30–60-Sekunden-Takt in der Mikrowelle belassen. Das Ganze so oft durchführen, bis die Kräuter getrocknet sind – dazwischen immer wieder kontrollieren!

Der XL-Schäler

Diese extrabreiten Schäler eignen sich besonders gut, um lange, breite Streifen aus Rettich oder Gurke herzustellen, die man dann spiral- oder ringförmig aufrollen und auch befüllen kann. Normalerweise bräuchte man hierfür eine Aufschnittmaschine!

Erwischt! Auch das Verlieren in vielen verschiedenen Ideen gehört zu meinen Eigenschaften …

Lifehacks – so einfach geht's

Wer hätte gedacht, was der Baumarkt alles für die Küche zu bieten hat?

Fein passieren

Eine gute Möglichkeit, kleine Kerne oder Stückchen aus dünnen Flüssigkeiten herauszubekommen, ist, alles entweder durch ein Küchentuch oder einen Kaffeefilter laufen zu lassen. Die »Schmutzstoffe« verfangen sich schließlich im Filter und die reine Flüssigkeit bleibt übrig.

Der Spritzbeutelersatz

Als Spritzbeutel eignen sich wunderbar Frischhalte- und Gefrierbeutel. Einfach die Masse in die Tüte füllen, alles in eine Ecke streichen und dann die Spitze abschneiden. Wer eine Spritztülle verwenden möchte, schneidet zuerst das Loch in der benötigten Größe aus, setzt danach die Tülle ein und füllt zum Schluss die Masse in den Beutel.

Massen verstreichen

Anstatt mit einer Palette Pürees und Cremes auf Tellern zu verteilen, kann man alternativ auch einen Maurerspatel oder eine Glättkelle benutzen. Diese gibt es sogar mit Zacken, sodass man damit eine ganze Ackerlandschaft erzeugen kann.

» Wenn du jemanden beeindrucken willst, geh nicht in ein Sternerestaurant. Such stattdessen den abgefucktesten Sushiladen, der das allerbeste Sushi macht. «

Hübsche Löcher in Gemüse oder Massen

Um unterschiedlich große Löcher in Lebensmittel machen zu können, benutzt man am besten einen Haushaltsbohrer mit verschiedenen, blitzeblank polierten Bohraufsätzen! Superbeispiel: Man stelle sich eine gegarte Karotte im Ganzen vor, in die unterschiedlich große Löcher gebohrt wurden – ein optisches Highlight!

Sauber reiben

Bevor man auf der feinen Seite der Vierkantreibe eine Zitronen-, Orangenschale oder Ähnliches reibt, legt man einen Streifen Backpapier über die Reibefläche. Die Schale geht dann durch die Löcher der Reibe hindurch – das Papier bleibt hingegen außen. Zum Schluss zieht man das Papier einfach ab und hat eine fast saubere Reibe.

Der ideale Mürbeteigboden

Wer träumt nicht vom perfekten, gleichmäßig hohen Mürbeteigboden? Was so schwer klingt, ist eigentlich ganz leicht herzustellen: Den Teig ein paar Stunden vor Verwendung backen, dann einfrieren. Danach lassen sich auf der breiten Seite der Vierkantreibe perfekte Streusel reiben, die man am Boden gleichmäßig andrücken kann. Außerdem ist der Teig gefroren lange haltbar – so hat man immer fertigen Teig auf Vorrat.

Das Kochbeutelprinzip

Nachdem beim Kochen das Wasser die Lebensmittel direkt berührt und somit etwas aufweicht, verlieren beispielsweise pochierte Eier, Knödel etc. gern an Form und Geschmack. Hier zeigt sich, dass Reis im Kochbeutel gar keine schlechte Idee ist und man dieses Prinzip auch auf andere Lebensmittel übertragen kann: Einfach einen abgedrehten Kloß auf eine ca. 15 x 15 cm große Frischhaltefolie legen, das obere Ende zudrehen und das Ganze zur Sicherheit mit einem Bürohefter fixieren. So kommt kein Wasser mehr an den Knödel, er saugt sich nicht mehr voll – und schmeckt fantastisch.

So lassen sich umstandslos beeindruckende Löcher in wunderschöne Karotten bohren

Vom Anrichten und Dekorieren

Et voilà – so sieht der Teller natürlich absolut puristisch aus

Graue Theorie, trister Alltag oder bunte Vielfalt – anrichten beginnt im Kopf und entwickelt sich … Am einfachsten und optisch schönsten wirkt ein Gericht, wenn die einzelnen Lebensmittel auf dem Teller unterschiedlich hoch angeordnet sind, verschiedenfarbig und eine ungleichmäßige Oberfläche besitzen. Mit Erdbeeren, geschlagener Sahne, groben Schokostücken, einem Minzeblatt am Stängel und Mangosauce kommt man beispielsweise schon wahnsinnig weit und hat unendlich viele Möglichkeiten, sich auf dem Teller zu verwirklichen. Von schlicht, elegant, puristisch über wild, verrückt, ausgefallen bis hin zu klassisch, modern und orthodox ist alles denkbar: Ob Erdbeeren im Ganzen, halbiert oder geviertelt, horizontal oder vertikal geteilt, nur oben oder unten abgeschnitten, mit einem Loch in der Mitte, einer fehlenden Ecke, in Scheiben, Streifen oder Würfeln, püriert oder gehackt – hier sind keinerlei Grenzen gesetzt. Allein die Form der Erdbeere, ohne dass sie zu Mousse, Parfait, Sorbet, Gelee, Kuchen etc. verarbeitet wird, liefert bereits eine gigantische Anzahl an optischen Präsentationsmöglichkeiten.

Aber was bedeutet dieses »keinerlei Grenzen sind gesetzt« eigentlich? Warum spielt das eine so große Rolle? Die Antwort ist schnell gegeben: Wichtig ist dabei, dass man sich alles offenhält, Dinge testet sowie ab und zu mal verquer (und ja, das ist kein Schreibfehler) denkt. Beispiele gefällig? Muss eine Suppe zwingend als Suppe in eine Tasse oder einen tiefen Teller? Kann sie nicht so stark eingedickt und reduziert werden, dass sie auf einem flachen Teller daherkommt?

Ganze, halbierte oder geviertelte Erdbeeren auf, an oder ums Fleisch herum – der Kreativität sind keine Grenzen gesetzt

Muss man überhaupt immer Teller anrichten? Oder kann man nicht einfach alles in ein Glas oder eine Papiertüte füllen? Fliesen, Glasspiegel und Holzscheiben sind nicht mehr der allerneueste Schrei, aber wie wäre es mit Kunstrasen oder Laminat bzw. Vinyl? Auch – oder gerade – in einem alten Lampenschirm ist es möglich, Gerichte wunderbar in Szene setzen. Man sollte natürlich je nach Gast und Lebensmittel auf die Beschaffenheit und Tauglichkeit achten, aber wie gesagt, es geht ums Querdenken. Ein letzter Impuls noch: Man darf sich durchaus auch von dem Gedanken verabschieden, jeder Gast müsste bei jedem Gang den gleichen Teller bekommen! Variiert man in Form und Größe, wirkt das gleiche Gericht vielleicht noch mal ganz anders – das ist spannend und quasi für jedermann sichtbar!

Ich bin sehr stolz auf meinen Beruf und mindestens genauso zufrieden mit den erreichten Zielen.

Anrichten: eine Anleitung zum Glücklichsein

Der Acker

Als Acker bezeichnet man ein Feld mit Furchen bzw. kleinen Gräben. Diese können in geraden Linien verlaufen, der Acker kann aber auch wild gepflügt werden. Damit das auch funktioniert, benötigt man die Konsistenz eines sämigen Kartoffelpürees, zum ersten Üben genügt auch ein cremiger Frischkäse. Also: Das Püree mit einem Esslöffel als breiten Haufen (ähnlich einer Nocke) auf eine Stelle nahe des Tellerrands geben. Von dieser Seite aus mit einem breit gezackten Kamm das Püree zur anderen Seite ziehen – schon hat man einen Acker! Alternativ kann man auch in Wellenlinien, im Kreis oder von der Mitte aus in alle Richtungen pflügen!

Vom Anrichten und Dekorieren

Hier darf man gern »patschen« – zum Schluss wirkt alles dekorativ

Splash und Kleckse

Wohl eine der modernsten Kreationen! Es gibt gleich zwei Wege, die etwa zum einzigartigen Splash führen – die Zutat selbst kann leicht angedickt, zähflüssig oder auch dick sein. Bei der ersten Methode nimmt man die Masse mit einem Löffel (die Größe des Löffels bestimmt nachher auch die des Kleckses), stellt den Teller am besten in ein Spülbecken, holt aus und schleudert die Masse darauf! Je »energetischer« man wirft, desto abgefahrener der Klecks, aber auch die Sauerei, wenn man verfehlt!

Die zweite Methode kann genauso schmutzig enden, ergibt aber noch mal ein anderes Ergebnis. Man setzt einen Tupfer, Klecks oder See auf einen Teller und »patscht« mit dem Löffelrücken einmal kräftig hinein! Vielleicht erinnert sich der ein oder andere dabei an seine Kindheit, als man viel Spaß dabei hatte, mit Gummistiefeln in Matschpfützen zu springen … Vom Prinzip her genau das Gleiche! Der Vorteil ist hier nur, dass wir unterschiedliche Farben klein und großflächig miteinander »verklecksen« können, was wiederum ein phänomenales Bild ergibt. Auch hier rate ich dringend zum Spülbecken – alternativ kann man sich abwaschbare Antispritzwände basteln oder Plexiglasscheiben kaufen und um den Teller herum aufstellen.

» Wenn Sterneköche über Essen sprechen, wirkt es zum Teil so, als ob sie etwas Besseres und mit einer Gabe gesegnet wären, die nur wenige auf dieser Welt besitzen. «

Große oder kleine Dippunkte bzw. Tupfer

Für Dippunkte sollte die Masse einer geschlagenen Sahne ähneln – gern auch kompakter. Am besten verwendet man hierfür eine Spritzflasche oder einen Spritzbeutel mit glatter Tülle, alternativ geht auch ein Gefrierbeutel. Selbst ohne das alles ist ein Tupfer möglich: Man taucht die Spitze des kleinsten Espressolöffels in den Dip und streift das bisschen, das dort dranhaftet, dann mit einem Finger auf dem Teller ab. Je mehr Masse bzw. je größer die Tülle ist, desto umfangreicher wird natürlich der Tupfer.

Die Träne

Die Träne entsteht aus dem Tupfer! Dieses Mal nimmt man den Stiel des Espressolöffels, setzt diesen mit der Seite am Rand des Tupfers an und zieht ihn in gerader Linie weg. Alternativ kann man ihn auch oval wegziehen, Sonnenstrahlen kreieren oder mit dem kompletten Löffelrücken ansetzen – so entsteht beispielsweise ein offenes Flussbett.

Punkte und Spritzer

Punkte unterscheiden sich von Tupfern durch ihre flache Form und Flüssigkeiten eignen sich dafür am besten. Nachdem wir aber gern schön exakte Punkte hätten – also solche, die wie ein Regentropfen aussehen, auch bitte so bleiben und nicht zerlaufen oder von einer Ecke in die andere wandern –, muss auf die Konsistenz der Flüssigkeit viel Wert gelegt werden. Ein Tipp: Lieber etwas mehr abbinden bzw. eine festere Masse, zum Beispiel Schmand, nehmen und erst im finalen Zustand (ausgekühlt oder warm) so lange verdünnen, bis die Konsistenz passt. Zur Kontrolle gibt man einen Esslöffel großen See auf einen flachen Teller: Bleibt der Rand stabil und der See kreisrund, ist die Konsistenz perfekt. Franst oder bricht der See an den Rändern aus, muss nachgebessert werden. Hat man diesen Schritt gemeistert, kann man mit einem Espressolöffel, einer Pipette, einer Spritzflasche oder einem Spritzbeutel mit winzigem Loch wunderbare Punkte zaubern.
Optional zu den eher ruhigen »101-Dalmatiner-Punkten« sind Spritzer natürlich die wild unkontrollierte Variante. Dafür geht man wie beim Splashen vor und schleudert die Flüssigkeit auf den Teller. Auch hier ist natürlich Vorsicht geboten.

Kein Grund zum Weinen: So farbenfroh sieht man Tränen nur selten

Vom Anrichten und Dekorieren

»Punkt, Punkt, Komma, Strich: Fertig ist das Mondgesicht« – oder die Deko auf dem Teller

Striche, Spiralen und Streifen

Fast schon die Königsdisziplin, die, frei aus dem Handgelenk geworfen, unheimlich viel Übung braucht! Deswegen gibt es auch hierfür ein paar supereinfache Tricks: Für diese Art von Dekoration bitte eine Spritzflasche benutzen – ein Spritzbeutel wäre zwar auch eine Alternative, mit der Flasche ist es jedoch wesentlich leichter. Die Konsistenz der Flüssigkeit sollte, wie unter »Punkte und Spritzer« bereits beschrieben, exakt sein. Man setzt die Flasche auf den Teller und fährt bei gleich bleibendem Druck in einer Linie von Punkt A nach Punkt B. Am besten übt man, indem man sich tatsächlich zwei Punkte macht und versucht, diese in einer flüssigen Bewegung zu verbinden. Ein wenig wie malen nach Zahlen, aber genau so entstehen Spiralen, Kreise, Dreiecke usw. Wer diesen Schritt der Übung weitestgehend überspringen möchte, der sollte sich mit den folgenden Hilfsmitteln eindecken: mit einem Lineal, Geodreieck etc. und einer Drehscheibe oder einem Drehteller. Damit und mit ein wenig Übung gelingt einem beinahe jede Form – fast so, als hätte man sein Leben lang nichts anderes gemacht!

Deko: die letzte Hoffnung

Wenn nichts mehr geht – geht immer noch Deko! Getreu dem Motto »Viel hilft viel« kann man mit einfachen Deko-Elementen optisch tolle Akzente setzen, ohne dabei einen allzu großen Aufwand zu betreiben. Denn: Es gibt hier unfassbar viel zu kaufen! Egal, ob im Supermarkt oder online, die Möglichkeiten scheinen fast unendlich! Lassen

Das Paradies auf Erden: Mit Knusperperlen und Fischlis punktet man immer

wir die Deko-Lebensmittel wie Oliven, Kirschtomaten, Körner, Nüsse, Kräuter und Kresse einmal außen vor, kommen wir direkt ins Paradies der getrockneten Zutaten – zu Chips, Kräckern sowie Knusper in Hülle und Fülle! Von Kartoffelchips in unzähligen Variationen, süßen und herzhaften Knusperperlen, Gewürzkräckern, getoastetem Brot, Fischlis über Gummitiere, süße Riegel, Zuckerwatte bis hin zu gedörrten Früchten. Oder aber zur guten alten Sahnehaube … Schick ist, was gefällt!

Letztlich entscheidet immer der Kreierende, ob er verraten möchte, welches seiner Produkte gekauft ist. Oder traust du dir zu, lieber Leser, anhand des Geschmacks eines crunchigen Kartoffelstaubs herauszufinden, ob die Kartoffelchips nun selbst gemacht wurden oder nicht? Falls ich es vor dir verbergen möchte, mische ich ganz »sternemäßig« unter den Staub noch etwas fein pulverisiertes Ducca – oder doch lieber das Pommesgewürz? Aber vielleicht geht das mit den Kartoffeln und dem Pommesgewürz zu auffällig in Richtung Pommes-frites-Geschmack und wir verfeinern lieber mit Speckgewürz, Holzkohle- bzw. Rauchpulver, um dir dann zu erzählen, ich hätte die Chips in filtriertem Specköl im Räucherofen hergestellt?

Egal wie, DU allein ziehst hier die Grenzen! Ich habe mich beispielsweise in einem Rezept absichtlich dafür entschieden, Fischlis zu verwenden, um schon beim Lesen einen für fast jeden bekannten Geschmack zu generieren. Ansonsten wäre der Buchtitel »Sterneküche kann jeder!« ja auch irgendwie sinnlos, oder?

Mein Körper ist mein ›Tempel‹, ich versuche ständig, einen Ort der Harmonie und des Gleichgewichts zu schaffen – meistens gelingt mir das NICHT!

2

Rezepte

Amuse-Gueules

Der kleine Gruß aus der Küche – er kommt so bescheiden daher, entwickelt auf der Zunge aber ungeahnte Geschmacksexplosionen: von »Ei, Hörnchen, Kaviar« über »Thunfisch, Mango, Trüffel« bis hin zu »Krokette, Chili, Schmand« sind alle spannenden Aromen dabei.

Ei | Hörnchen | Kaviar

Zutatenliste für 4 Personen

›› 5 min Zubereitungszeit

150 g Eiersalat (Fertigprodukt)
1 Msp. edelsüßes Paprikapulver
½ TL mittelscharfer Senf
Salz und Pfeffer

---

4 schwarze Oliven ohne Stein
frischer Schnittlauch

---

12 kleine schwarze »Mini-Hörnchen Basic« (ø 2,5 x 7,5 cm)
50 g Forellenkaviar (aus dem Glas)
200 g Belugalinsen (zur Deko)

1. Für den Dip Eiersalat mit Paprikapulver und Senf mixen, anschließend mit Salz und Pfeffer abschmecken.

2. Die Oliven in feine Scheiben schneiden und auf einem Porzellanteller in der Mikrowelle bei 450 Watt trocknen. Danach die Schnittlauchstängel an den Enden zusammenstecken.

3. Die Hörnchen in eine hohe Schale mit den Deko-Linsen stellen und mit dem Eiersalat füllen. Mit Olivenscheiben, Schnittlauch sowie dem Forellenkaviar dekorieren.

Pita | Käse | Speck

Zutatenliste für 4 Personen

›› 10 min Zubereitungszeit

½ Zwiebel
1 EL Pflanzenöl
1 EL Zucker
1 EL Kräuteressig

---

1 Pitabrot
5 Physalis
3 Scheiben Südtiroler Schinkenspeck

---

30 g Oliventapenade (aus dem Glas)
80 g Saint Agur (Blauschimmelkäse)
grüne Gartenkresse

1. Für die Schmelzzwiebeln Zwiebel in feine Streifen schneiden und im Pflanzenöl hellbraun anbraten. Dann den Zucker dazugeben und leicht karamellisieren. Mit Kräuteressig ablöschen und so lange auf niedriger Stufe brutzeln lassen, bis der Essig verdampft ist.

2. Pitabrot in längliche Rechtecke schneiden und in einer Grillpfanne rösten (alternativ: toasten). 1 Physalis in Scheiben schneiden und die Scheiben des Schinkenspecks längs aufrollen.

3. Die Oliventapenade in eine Spritzflasche füllen und mit einem Lineal einen Strich ziehen. Das Pitabrot darauflegen, auf einer Seite des Brotes Schinken, anschließend einen Teil der Zwiebeln sowie den Blauschimmelkäse darauf drapieren. 1 Klecks Blauschimmelkäse separat mit Zwiebeln anrichten. Mit grüner Gartenkresse und Physalis dekorieren.

Kartoffel | Tomate | Knoblauch

Zutatenliste für 4 Personen

›› 20 min Zubereitungszeit

200 g Sahne (33 % Fett)
200 ml Milch
gemahlene Muskatnuss
Salz und Pfeffer
80 g Instant-Kartoffelpüree (Fertigprodukt)

---

75 g getrocknete Tomaten in Öl
75 g schwarze Oliven ohne Stein
1 Msp. Kräuter der Provence
frische Petersilie

---

1 Strudelteigblatt (Fertigprodukt)
1 Ei
500 ml Pflanzenöl zum Frittieren

---

150 g Mayonnaise
150 g Schmand
10 g frischer Knoblauch

1. Für die Kartoffelmasse Sahne und Milch in einen Topf geben. Mit Muskatnuss, Salz, Pfeffer und Kräutern der Provence abschmecken und aufkochen. Das Instant-Kartoffelpüree in die kochende Flüssigkeit einrühren, anschließend zum Abkühlen vom Herd nehmen.

2. Die getrockneten Tomaten aus dem Öl nehmen: 4 ganze Tomaten als Deko aufbewahren, die restlichen klein schneiden. Oliven in einer Porzellanschale in der Mikrowelle bei 350 Watt 2-mal für 4 Minuten trocknen, dann abkühlen lassen und einen Teil mit einem Messer in grobe Stücke hacken. Die gehackten Tomaten und Oliven unter das Kartoffelpüree rühren. Etwa 8 Petersilienblätter abzupfen, fein hacken und ebenfalls zur Masse geben. Danach alles in einen Spritz- oder – falls nicht vorhanden – Gefrierbeutel füllen.

3. Das Strudelteigblatt auf die Arbeitsfläche legen und mit einem verquirlten Ei dünn bepinseln. Die Kartoffelmasse auf den untersten Rand des Strudelteigblatts kleinfingerdick spritzen, dann das Strudelteigblatt – möglichst ohne Lufteinschlüsse – bis zur Hälfte rollen und abschneiden. Mit dem restlichen Strudelteigblatt genauso verfahren. (Der Strudel muss an den Enden nicht geschlossen sein, da sich die Masse festbackt!) Die Rollen halbieren und im ca. 170 °C heißen Pflanzenöl in einem hohen Topf oder einer Fritteuse frittieren.

4. Für die Aioli Mayonnaise mit Schmand und gepresstem Knoblauch verrühren sowie mit Salz und Pfeffer abschmecken.

5. Den Kartoffelstrudel auf einen Teller legen – gleich daneben mit einem Cappuccinolöffel 1 Klecks oder 1 Nocke Aioli setzen. Mit den getrockneten Oliven, der Tomate und Petersilie dekorieren.

Thunfisch | Mango | Trüffel

Zutatenliste für 4 Personen

›› 15 min Zubereitungszeit

230 g Mango
1 EL Kräuteressig
1 Zweig Zitronenthymian
25 g grobes Meersalz

---

100 g Thunfisch (Sashimiqualität)

---

20 g Trüffelpaste
20 frische Korianderblätter
16 Sojabohnenkeimlinge (aus dem Glas)
20 g Knuspererbsen »Sweet Chili«

1. Die Mango schälen, in große Ecken schneiden und mit einem Schäler feine Streifen abschneiden. Mit Kräuteressig sowie fein gehacktem Zitronenthymian (die Blattstängel können mitverwendet werden) und 1 Prise Meersalz würzen.

2. Den Thunfisch in rechteckige Blöcke schneiden.

3. Die Trüffelpaste mit einer Palette dünn auf dem Teller verstreichen und mit dem Ende eines Kochlöffels Achter oder Kreise ziehen. Die Mangoscheiben eindrehen und/oder als »wilden Haufen« auftürmen. Den Thunfisch auf den Teller setzen und darauf die Sojabohnenkeimlinge drapieren. Mit Meersalz, Korianderblättern und Knuspererbsen vervollständigen.

Kräcker | Karotte | Koriander

Zutatenliste für 4 Personen

›› 5 min Zubereitungszeit

2 EL Babybrei »Karotten mit Mais und Biokalb« (aus dem Glas)
1 Msp. gemahlener Kümmel
1 Msp. gemahlener Koriander
Salz und Pfeffer

---

4 Stängel frischer Koriander
2 Scheiben Dinkel-Knäckebrot mit Chiasamen

---

40 g schwarze Sesampaste
grüne Gartenkresse

1. Für den Karottendip Babybrei mit Kümmel, Koriander sowie etwas Salz und Pfeffer abschmecken.

2. Das Knäckebrot in große und kleine Stücke brechen.

3. Sesampaste mit einem Pinsel auf dem Teller »wild« verstreichen. Den Karottendip mit einem Löffel auf den Teller geben und mit dem Löffelrücken schnell und vorsichtig in einem Halbkreis verstreichen, sodass eine Mulde entsteht. Die Gartenkresse auf dem Dip anrichten und 1 Korianderstängel als Deko setzen.

Lachs | Kartoffel | Rettich

Zutatenliste für 4 Personen

›› 20 min Zubereitungszeit
Start: 1 h 10 min vorher

100 g weißer Rettich
80 ml Kräuteressig
40 ml Olivenöl
20 ml Kürbisöl
80 ml Wasser
Salz und Pfeffer

---

100 g Kartoffelsalat in Essig und Öl (Fertigprodukt)

---

50 g Sahnemeerrettich
30 g Wasabipaste
180 g Schmand

---

80 g Lachsfilet ohne Haut und Gräten (Sushiqualität!)

---

grüne Gartenkresse
90 g Rote-Bete-Chips
20 g Meersalz

1. Für das falsche Sushi den Rettich schälen und mithilfe eines XL-Sparschälers dünne Streifen abziehen. Diese dienen später zum Einwickeln des Sushis – eventuell die Kanten gerade schneiden. Kräuteressig, Oliven- und Kürbisöl mit dem Wasser verrühren sowie mit Salz und Pfeffer würzen. Den Rettich 1 Stunde darin einlegen.

2. Den Kartoffelsalat für die Creme auf einem feinen Sieb gut abtropfen lassen – gegebenenfalls mit einem Tuch die Flüssigkeit auspressen oder mit einem Löffel durch das Sieb drücken. Dann mit dem Mixer kurz zu einer Creme pürieren. Falls nötig, mit Salz sowie Pfeffer abschmecken und in einen Spritz- oder Gefrierbeutel füllen.

3. Für den Meerrettichdip Sahnemeerrettich mit etwas Wasabi und Schmand verrühren, anschließend mit Salz und Pfeffer würzen.

4. Lachsfilet für die Sushirollen in kleine Rechtecke schneiden. Die Rettichscheiben auf ein Brett legen, Lachs an den Anfang der Scheibe setzen und die Kartoffelsalatcreme in genau der gleichen Größe wie den Lachs danebenspritzen. Eng einrollen und mit einem scharfen Messer halbieren oder – je nach Breite des Rettichs – dritteln.

5. Mit einem Pinsel und ein wenig Wasabipaste (falls nötig, mit etwas Wasser verdünnen) einen schmalen Strich auf den Teller streichen. Sushiröllchen mit Meerrettichdip, Tupfer der übrigen Kartoffelsalatcreme sowie Rote-Bete-Chips und Gartenkresse anrichten. Anschließend mit Meersalz bestreuen.

Krokette | Chili | Schmand

Zutatenliste für 4 Personen

›› 15 min Zubereitungszeit

2 Eier (Größe M)
105 ml Milch
100 ml Wasser
1 EL Weizenmehl (Type 405)
1 TL geschmolzene Butter
2 TL Salz
1 Msp. gemahlene Muskatnuss
80 g Instant-Kartoffelpüree (Fertigprodukt)
100 g Pankomehl
500 ml Pflanzenöl zum Frittieren

---

20 g frische rote Pfefferoni
8 Minzeblätter
3 EL Sweet-Chili-Sauce

---

90 g Sauerrahm
80 g Crème fraîche
1 EL Knoblauchgewürz
½ EL Kräuteressig
½ TL Zitronengraspulver
Salz

1. Für die Kartoffelkroketten 1 Ei mit Milch und Wasser vermischen. Mehl, Butter, Salz, Muskatnuss und Instant-Kartoffelpüree dazugeben und verrühren. Die Masse quellen lassen und dann gut durchkneten. Mit einem Eisportionierer oder Kugelausstecher die Kroketten abzwicken und rund formen. Das zweite Ei verquirlen und die Kroketten darin wenden und mit Pankomehl panieren. (Gegebenenfalls 2-mal panieren, damit die Kugel ganz von der Panade umschlossen ist.) Anschließend im ca. 170 °C heißen Pflanzenöl knusprig frittieren. Hierfür eignet sich ein hoher, schmaler Topf oder eine Fritteuse. Nach dem Frittieren auf Küchenpapier abtropfen lassen.

2. Einen Teil der Pfefferoni und ein paar Minzeblätter für den Sud fein schneiden (den Rest für die Deko aufbewahren), anschließend mit 3 EL Sweet-Chili-Sauce verrühren.

3. Für den Dip Sauerrahm mit Crème fraîche, Knoblauchgewürz, Kräuteressig sowie Zitronengraspulver verrühren und mit etwas Salz abschmecken.

4. Auf den Tellerrand bzw. die -seite jeweils 3 Kleckse Sauerrahmdip setzen – einen davon mit einem Löffelrücken (Espressolöffel) locker verziehen. Pfefferoni und Minze auf dem zweiten Klecks dekorieren. Den Chilisud als See in den Teller geben und auf dem dritten Klecks, der als »Kleber« dient, die Krokette anrichten.

Weißgelegter | Spinat | Ei

Zutatenliste für 4 Personen

›› 15 min Zubereitungszeit
Start: 24 h vorher

4 Eier

---

225 ml Milch
125 ml Wasser
40 g Instant-Kartoffelpüree (Fertigprodukt)
25 g Butter
Salz und Pfeffer
gemahlene Muskatnuss

---

40 g junger Blattspinat
30 ml Walnussöl

---

100 g fränkischer Weißgelegter (weißer Presssack)
4 EL Kräutercroûtons (Fertigprodukt)

---

20 g Meersalz
frischer Schnittlauch

1. Eier vorsichtig trennen und die Eigelbe auf einen Teller mit Backpapier legen (ohne dass sie sich berühren und ohne Abdeckung, sonst zerläuft das Eigelb). Diesen für 24 Stunden in den Froster geben und ca. 1 Stunde vor dem Anrichten die Eigelbe im Kühlschrank auftauen lassen. Nach 45 Minuten aus dem Kühlschrank nehmen und auf Zimmertemperatur erwärmen lassen.

2. Für den Kartoffelschaum 125 ml Milch mit dem Wasser aufkochen und den halben Beutel Instant-Kartoffelpüree einrühren. Dann mit Butter, Salz, Pfeffer und Muskatnuss abschmecken. Schließlich die restliche Milch einrühren und die Masse in einen Sahnespender füllen, mit 2 Kapseln laden und gut schütteln (warm verwenden).

3. Den jungen Blattspinat in feine Streifen schneiden und mit dem Walnussöl vermengen.

4. Aus dem Weißgelegten Stücke mit einem Messer herausbrechen bzw. mit den Fingern herauszupfen. Die Kräutercroûtons hacken.

5. Das Eigelb sowie den Weißgelegten auf den Teller setzen, die Croûtons an den Rand streuen und den Spinatsalat zu einem Türmchen aufschichten. Für den Schaum einen ovalen Ausstecher mit Walnussöl dick einreiben und auf den Teller setzen: Kartoffelschaum hineinspritzen und den Ring vorsichtig abziehen. (Vor dem Anrichten gegebenenfalls einen Test machen, ob der Schaum hält – notfalls eine zweite Kapsel verwenden.) Mit Meersalz, Schnittlauch sowie den gehackten Kräutercroûtons dekorieren.

Kabeljau | Sesam | Meerrettich

Zutatenliste für 4 Personen

›› 15 min Zubereitungszeit

200 g Kabeljaufilet
2 TL Pommesgewürz
20 ml Wasser
50 g Tahina (Sesampaste)
20 ml Hafermilch
100 g Pankomehl
500 ml Pflanzenöl zum Frittieren

---

50 g Sahnemeerrettich
20 g Wasabipaste
180 g Schmand
Salz und Pfeffer

---

grüne Gartenkresse

1. Den Kabeljau in 2 x 6 cm große Stücke schneiden. 1 TL Pommesgewürz mit Wasser verrühren und den Kabeljau darin marinieren. Alles etwa 10 Minuten ziehen lassen. Währenddessen die Sesampaste mit der Hafermilch glatt rühren. Anschließend den Kabeljau aus der Marinade nehmen, mit etwas Küchenpapier abtupfen und durch die Sesampaste ziehen. Nun in Pankomehl wälzen, panieren und im ca. 170 °C heißen Pflanzenöl in einem hohen Topf oder einer Fritteuse für ca. 1–2 Minuten frittieren.

2. Für den Dip Sahnemeerrettich mit Wasabi und Schmand verrühren, dann mit Salz und Pfeffer abschmecken.

3. Den Meerrettichdip zum Anrichten an der breiten Seite eines Löffels heruntertropfen lassen und mit einem Deko-Kamm Wellenlinien ziehen. Anschließend den Kabeljau, die Kresse und das Pommesgewürz auf dem Teller dekorieren.

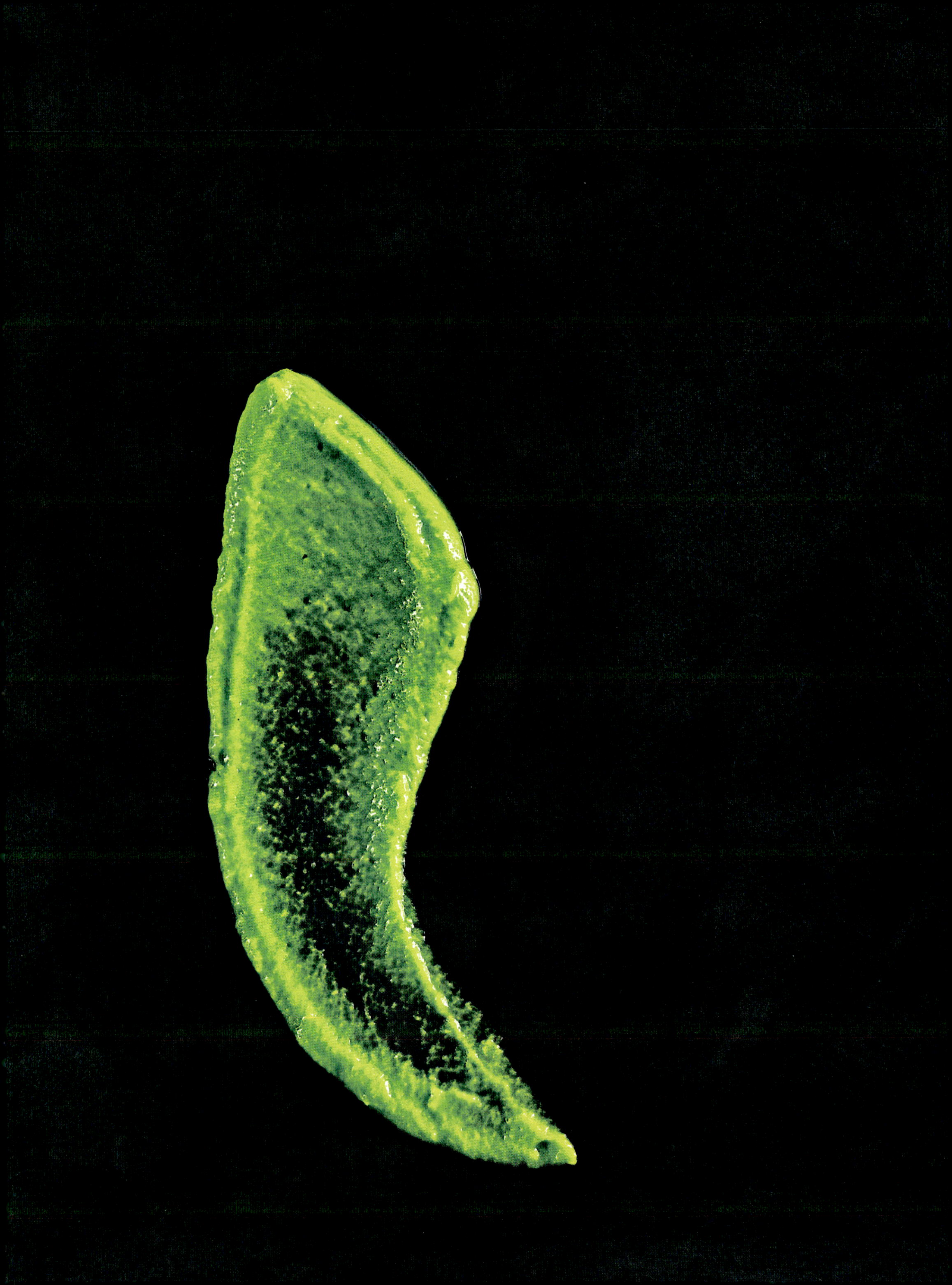

Vorspeisen

So geht's doch gleich gut los! Mit überraschenden Geschmackskombinationen verblüffst du Freunde, Familie sowie Gäste und ihr startet mit »Lachs, Litschi, Erdnuss« bzw. »Leber, Fenchel, Apfel« oder »Spargel, Wassermelone, Jakobsmuschel« in ein megaleckeres Menü.

Lachs | Litschi | Erdnuss

Zutatenliste für 4 Personen

›› 20 min Zubereitungszeit
Start: 1 h vorher

120 g Gurke
60 g frischer Rettich
12 ml weißer Essig
Salz und Pfeffer

---

200 g Lachs ohne Haut und Gräten (Sushiqualität)
225 g Litschis (Abtropfgewicht; aus der Dose)
1 TL Speisestärke (alternativ: »Gelcrem«)
12 ml Sonnenblumenöl

---

16 g Wasabipaste
80 g Mayonnaise

---

30 g Erdnussbutter
Wasser

---

12 g Wasabi-Erdnüsse
8 ml Sojasauce
rote Rettichkresse
15 g Meersalz

1. Die Gurke in 8 cm große schräge Stücke schneiden und vierteln. Den Rettich mit einem XL-Schäler oder einer Aufschnittmaschine in 2,5 x 10 cm lange Scheiben schneiden. Den weißen Essig dazugeben, mit Salz und Pfeffer würzen – Gurkenstücke sowie Rettichscheiben darin einlegen. Mindestens 1 Stunde ziehen lassen.

2. Den rohen Lachs in ca. 1,5 x 8 cm große Rechtecke schneiden. Die Litschis aus dem Sud nehmen. Für die weiße Vinaigrette dann 20 ml des Litschisafts mit der Speisestärke aufkochen und gut eindicken lassen. Sonnenblumenöl und gegebenenfalls Litschisaft so lange mit einem Stabmixer hinzufügen, bis eine cremige Konsistenz entsteht. Im Anschluss erkalten lassen, mit Salz und Pfeffer würzen. (Eine Alternative zum Kaltmixen, ohne zu kochen, ist die »Gelcrem«.)

3. Für die Wasabimayonnaise die Paste mit einem Schneebesen unter die Mayonnaise rühren. Mit Salz und Pfeffer würzen.

4. Die Erdnussbutter für den Dip je nach Konsistenz mit mehr oder weniger lauwarmem Wasser sämig rühren. (Achtung: Wenn das Wasser zu kalt ist, trennt sich die Masse!)

5. Erdnussbutter in eine Spritzflasche mit feiner Öffnung füllen und damit 3 Querstriche mit einem Lineal ziehen. Lachsstücke, Gurke, Litschis, Wasabi-Erdnüsse sowie Sojasauce auf dem Teller anrichten. Litschisauce und Wasabimayonnaise in Spritzflaschen bzw. Spritzbeutel füllen und in Form von großen bzw. kleinen Tupfern ebenfalls auf den Teller geben. Den Rettich zusammenrollen und auf den Teller setzen (je nach Dicke gegebenenfalls der Länge nach halbieren). Vereinzelt mit roter Rettichkresse dekorieren und zu guter Letzt den Lachs mit Meersalz bestreuen.

Rind | Kokos | Tête de Moine

Zutatenliste für 4 Personen

›› 25 min Zubereitungszeit

400 g Rinderfilet oder fertiges Carpaccio

---

8 EL Essiggurkensud
15 g scharfer Meerrettich
3 EL Kräuteressig
1 EL Kapernsaft
100 g Blaubeeren
80 g Feldsalat

---

50 g Kokospüree
120 ml Kokosmilch
weißer Essig
Salz
10 g »Gelcrem«

---

20 g schwarze Oliven ohne Stein
1 Frühlingszwiebel

---

100 g kräftiger Tête de Moine
20 g Käsegebäck (Fertigprodukt)
10 g Meersalz
20 ml Sojasauce
20 g Kokoschips

1. Das Rinderfilet in möglichst dünne Scheiben schneiden. Die Scheiben zwischen 2 Bogen Backpapier oder Frischhaltefolie legen und mit einem Topfboden oder einer Pfanne vorsichtig zu hauchdünnem Carpaccio klopfen.

2. Für das Blaubeerragout Essiggurkensud, Meerrettich, Kräuteressig und Kapernsaft in einem Töpfchen verrühren. 100 g frische Blaubeeren zugeben und für 3 Minuten kochen. Dann vom Herd nehmen, ziehen und erkalten lassen. Danach den Feldsalat in dem Blaubeersud marinieren.

3. Das Kokospüree mit Kokosmilch, etwas Essig und 1 Prise Salz in einem Mixer gut vermengen. Nach und nach »Gelcrem« zugeben und so lange mixen, bis alles eingedickt ist.

4. Oliven auf einem Porzellanteller für ungefähr 10 Minuten in der Mikrowelle bei 360 Watt trocknen. Währenddessen die Frühlingszwiebel in schräge Ringe schneiden.

5. Den Kokosdip mit einer Spritzflasche kreisförmig auf den Teller geben. Das Carpaccio locker als Fächer zusammenstecken und daraufsetzen. Den Tête de Moine danebenlegen. Das Käsegebäck sowie die Kokoschips grob zerbröseln und auf das Carpaccio streuen. Mit Feldsalat, Frühlingszwiebeln, Oliven und Blaubeeren dekorieren. Die Sojasauce über das Carpaccio träufeln, mit Meersalz garnieren.

Kopfsalat | Makrele | Ginger-Ale

Zutatenliste für 4 Personen

›› 20 min Zubereitungszeit
Start: 24 h vorher

2 Kopfsalat
2 Flaschen Ginger-Ale (à 200 ml)
50 ml mildes Olivenöl
3 TL Worcestershiresauce
1½ EL Reisessig
1 TL Senf
30 g krause Petersilie mit Stängeln
90 g Parmesanblättchen
Salz und Pfeffer

---

100 g Schmand
2 EL Kräuteressig

---

10 dünne Scheiben Bacon

---

60 g kandierter Ingwer
10 geröstete, gesalzene Pistazien
60 g Kapern
(Abtropfgewicht; aus dem Glas)
120 g gegrillte Makrelenfilets
(Abtropfgewicht; aus der Dose)

---

40 g gesalzene Kartoffelchips
»natur«
50 g Sesamfischlis
(Knabbergebäck)
Kürbiskernöl

1. Beide Kopfsalate halbieren und jeweils 2 Hälften in einen Gefrierbeutel legen – bei jeder den Inhalt 1 Flasche Ginger-Ale dazugeben. Die Beutel möglichst luftdicht verschließen und über Nacht im Kühlschrank aufbewahren, damit der Salat gut durchziehen kann.

2. Am nächsten Tag die Kopfsalate aus den Beuteln nehmen und den Sud aufheben. Für das Salatdressing die großen äußeren Blätter sowie den kleinen Kern in der Mitte vorsichtig vom Kopfsalat zupfen und in einen Mixer geben. Olivenöl, Worcestershiresauce, Reisessig, Senf, 15 g Petersilie mit Stängeln und 10 g Parmesanblättchen hinzufügen. Alles gut mixen, mit Salz und Pfeffer abschmecken.

3. 100 g Schmand für den Dip in einer kleinen Schüssel mit einem Schneebesen glatt rühren. Dann 2 EL Kräuteressig zugeben, alles mit Salz und Pfeffer abschmecken.

4. Für die Speckchips den Bacon in einer Pfanne (falls vorhanden: beschichtet) knusprig braun braten. Anschließend die Speckchips zum Abtropfen auf Küchenpapier legen.

5. Die kandierten Ingwerstücke mit einem scharfen Messer in feine Scheiben schneiden. Etwa 10 Stück der gerösteten, gesalzenen Pistazien schälen und die Kerne halbieren. Danach die Kapern abschütten (der Sud wird nicht mehr gebraucht). Die Makrelenfilets aus der Dose nehmen und zum Abtropfen auf Küchenpapier legen. Nun die Filets in Teelöffel große Stückchen zupfen.

6. Die einzelnen Blätter der Kopfsalathälfte vorsichtig nach außen biegen, ohne dass diese vom Strunk brechen. Dann den halben Kopfsalat auf einen Teller legen und mit Sud übergießen. Nun alle Zutaten »wild« auf dem Salat dekorieren. Von der Reihenfolge her werden zuerst die feuchten und zum Schluss die trockenen Komponenten angerichtet, damit diese knusprig bleiben. Also: Schmand, Ingwer, Makrele, Kapern, Petersilie, Kürbiskernöl, Parmesan, Sesamfischlis, Kartoffelchips, Speck.

Leber | Fenchel | Apfel

Zutatenliste für 4 Personen

›› 2 h 15 min Zubereitungszeit

250 g Pfälzer Leberwurst
1 TL gerebelter bzw. 6 TL frischer Majoran
250 g Butter (Zimmertemperatur)

---

100 g gedörrte Cranberrys
500 ml Cranberrysaft
250 ml Apfelsaft
10 ml Teriyakisauce

---

300 ml Wasser
4 Beutel Fenchel-Anis-Kümmel-Tee
80 g getrocknete Apfelringe
2 EL Walnussöl
½ TL Kreuzkümmelpulver
½ TL gerebeltes Bohnenkraut
5 Nelken
2 Lorbeerblätter
7 EL Kräuteressig
Salz und Pfeffer

---

1 Fenchelknolle

---

2 Granny-Smith-Äpfel
250 ml »Apfel-Birne-Grünkohl-Spinat«-Smoothie

---

4 Scheiben Eiweißbrot

1. Für die Mousse die Leberwurst in einer beschichteten Pfanne leicht anbraten und schmelzen lassen, den Majoran zugeben. Die Masse in einem Standmixer fein pürieren und in einer Schüssel kalt stellen. Butter mit einer Rührmaschine so lange schaumig schlagen, bis sie weiß ist. Die kalte Masse mit der Butter verrühren und in eine Silikonform mit Mulden füllen – für ca. 2 Stunden in den Kühlschrank stellen.

2. Die Cranberrys für den Fond mit dem Cranberry- und Apfelsaft aufkochen und so lange köcheln lassen, bis sich die Flüssigkeit auf 90 ml reduziert hat und am Ende die Cranberrys abpassiert werden können. Dann den Cranberryfond mit der Teriyakisauce verrühren.

3. Für den Sud die Teebeutel mit kochendem Wasser übergießen und 6 Minuten ziehen lassen. Dann in eine Schüssel geben, die Apfelringe hinzufügen. Mit Walnussöl, Kreuzkümmelpulver, Bohnenkraut, Nelken, Lorbeerblättern, Kräuteressig, Salz und Pfeffer aromatisieren.

4. Von der Fenchelknolle das Fenchelgrün abzupfen und separat aufbewahren. Die Knolle nun vierteln und den Strunk herausschneiden. Ein Viertel der Knolle in lange, dünne Scheiben bzw. Stücke schneiden, den restlichen Fenchel auf der Vierkantreibe hobeln. Alles in den Sud geben, einmal aufkochen und gleich wieder vom Herd nehmen. 1 Stunde ziehen lassen, damit der Fenchel und die Apfelringe den Geschmack aufsaugen können.

5. Für das Püree die Äpfel schälen, mit einem Apfelausstecher entkernen und 4 dicke Scheiben für die Deko abschneiden. Die restlichen Äpfel in Würfel schneiden. Alle Äpfel mit dem Smoothie aufkochen und 10 Minuten ziehen lassen. Die Apfelringe entnehmen, die Apfelstücke durch ein Sieb passieren und mit 4 EL des gerade abpassierten Suds in einem Standmixer glatt pürieren. Der restliche Sud kann als Deko benutzt oder in kleinen Gläsern dazu serviert werden.

6. Die Brotscheiben in dicke Stifte schneiden und kurz vor dem Anrichten in einer Grillpfanne braten oder einem Sandwichmaker toasten. Einen Teil des getoasteten Brotes zu Pulver zerkleinern.

7. Die Lebermousse auf den Teller geben und in die Mulde den Cranberrysud gießen. Den Apfelring an die Mousse lehnen und mit Fenchelscheiben dekorieren. Das Apfelpüree in einen Spritzbeutel füllen und als Tupfer auf den Teller geben. Den Fenchelsalat mit einem Stempelset in Form pressen und anrichten (Alternative: Bällchen formen). Die Brotstifte zu einem Gitter zusammensetzen. Mit Cranberrys sowie Fenchelgrün und Brotpulver dekorieren.

Ziegenkäse | Mango | Erbse

Zutatenliste für 4 Personen

›› 25 min Zubereitungszeit

200 g TK-Erbsen
5 EL Leinöl
2 EL Kräuteressig
1 TL Zitronengraspulver
1 TL Korianderpulver
1 TL Anispulver
75 ml intensive Brühe (selbst gemacht) oder konzentrierte Hühnerbrühe (aus dem Glas)
2 Sardellenfilets in Öl (aus dem Glas)
Salz und Pfeffer

---

100 g Kichererbsenmehl
150 ml kochendes Wasser
25 g Dill mit Stängeln
200 g gekochte Kichererbsen (Abtropfgewicht; aus der Dose)
1 TL ganzer Kümmel
500 ml Pflanzenöl zum Frittieren

---

1 große, reife Mango
13 ml Reisessig
2 EL Blütenhonig

---

150 g Ziegenfrischkäse

---

40 g Backerbsen
1 TL Kreuzkümmelpulver

---

200 g Ziegenkäserolle

1. Für das Püree die Erbsen in der Mikrowelle auftauen und mit Leinöl, Kräuteressig, Zitronengras-, Koriander- und Anispulver, Hühnerbrühe und 2 abgewaschenen Sardellenfilets in einem Standmixer pürieren. Grobe Stücke sollten aber enthalten sein. Das Püree mit Salz und Pfeffer abschmecken.

2. Das Kichererbsenmehl für die Bällchen mit dem kochenden Wasser zu einer glatten Masse verrühren. Kichererbsen auf einem Brett hacken und zur Mehlmasse geben, hinzukommen die Hälfte des Dills – gehackt mit Stängeln – und der ebenfalls grob gehackte Kümmel. Alles gut miteinander vermischen und mit dem kleinen Eisportionierer zu Bällchen formen. Im ca. 170 °C heißen Pflanzenöl in einem hohen Topf oder einer Fritteuse frittieren.

3. Für die Mangosauce 235 g Mangofruchtfleisch mit Reisessig und Blütenhonig in einem Standmixer zu einer feinen Sauce pürieren.

4. Den Ziegenfrischkäse für den Dip in einer kleinen Schüssel mit einem Schneebesen glatt rühren – mit Salz und Pfeffer abschmecken.

5. Für den Crunch die Backerbsen mit dem Kreuzkümmelpulver mixen oder in einem Gefrierbeutel stückig klopfen.

6. Den Ziegenkäsedip an eine Stelle des Tellers geben und mit dem Kamm einen Acker ziehen. An einer anderen Stelle die Ziegenkäserolle auf den Teller setzen und das frittierte Kichererbsenbällchen darauflegen. Mangosauce als großen Splash auf den Teller klecksen und verziehen. Darauf den »Backerbsen-Kümmel-Crunch« als Häufchen setzen. Die gerupfte Ziegenkäserolle und die Backerbsen auf dem Teller anrichten – mit Dill garnieren. Das Erbsenpüree in einer separaten Schale anrichten und extra servieren.

Matjes | Dörrobst | Speck

Zutatenliste für 4 Personen

›› 35 min Zubereitungszeit

2 Birnen
6 Lorbeerblätter
20 Wacholderbeeren
600 ml Apfelsaft
20 g geriebener Meerrettich

---

75 ml Honig-Senf-Dressing (Fertigprodukt)
6 TL Tessiner Feigensenfsauce
100 g getrocknetes Mischobst (alternativ: Dörrobst-Chutney)

---

4 Frühlingszwiebeln
8 Silberzwiebeln
8 Radieschen
2 dicke Scheiben Bauchspeck

---

4 Matjesfilets in Öl

1. Die Birnen jeweils links und rechts vom Kerngehäuse abschneiden, sodass man jeweils 2 große Hälften erhält. Die Reste der Birne klein schneiden und mit Lorbeerblättern, Wacholderbeeren, 400 ml Apfelsaft und Meerrettich aufkochen. Dann die 4 Birnenstücke zugeben und in dem heißen Sud für 30 Minuten durchziehen lassen.

2. Für das Dörrobst-Chutney das Honig-Senf-Dressing zusammen mit 200 ml Apfelsaft und der Tessiner Feigensenfsauce vermischen und mit dem Mischobst kochen. Sobald das Obst weich ist, alles im Mixer fein pürieren.

3. Das untere Stück der Frühlingszwiebeln abschneiden, den Rest in schräge große Ringe schneiden und die Silberzwiebeln waagerecht halbieren (jeweils 4 Hälften pro Teller). Die äußeren Schichten der Zwiebeln teilweise für die Dekoration ablösen.

4. Das Dörrobst-Chutney rechteckig als »Beet« auf einen Teller streichen. Das Matjesfilet an der dickeren Seite gerade abschneiden, damit der Matjes an das »Beet« gesetzt werden kann. Mit der Birne ebenso verfahren und aufrecht an den Kopf des »Beetes« stellen. Gebratenen Speck, Perlzwiebel, Radieschen und Frühlingszwiebeln locker auf dem »Beet« arrangieren.

Salsiccia | Kohlrabi | Ei

Zutatenliste für 4 Personen

›› 40 min Zubereitungszeit

4 Eier

---

200 g Kohlrabi
75 ml würziges Kräuterdressing (Fertigprodukt)
8 Stängel krause Petersilie

---

200 g Salsiccia

---

70 ml Mayonnaise
30 g gefrorener »8-Kräuter-Mix«
6 EL Kürbiskernöl
1 TL Sardellenpaste

---

1 Frühlingszwiebel
16 gesalzene Pistazien

1. Die Eier hart kochen und abschrecken, dann die Eigelbe auslösen und jeweils in 4 Stücke zerteilen. (Die Eiweiße werden für dieses Gericht nicht benötigt.)

2. Für den Salat den Kohlrabi schälen und über der groben Seite einer Vierkantreibe raspeln. Danach mit dem würzigen Kräuterdressing vermengen. Mit 4 Stängeln gehackter Petersilie verfeinern.

3. Die Salsicce der Länge nach aufschneiden, das Innere aushöhlen und in einer beschichteten Pfanne rösch anbraten.

4. Die Mayonnaise mit »8-Kräutermix«, 2 EL Kürbiskernöl sowie Sardellenpaste fein mixen.

5. Die Frühlingszwiebel in schräge schmale Ringe schneiden und die Pistazien – falls noch nicht so gekauft – schälen.

6. Die Mayonnaise als dicken Klecks auf den Teller geben und mit einem Löffelrücken in Form bringen. Den Kohlrabisalat mittig anrichten – alternativ mit einem Ausstechring oder Stempel auf den Teller setzen. Eine Linie mit 1 EL Kürbiskernöl über die Hälfte des Tellerrands ziehen und mit dem Kochlöffelrücken runde Kreise hindurchziehen. Mit den gebrochenen Eigelben, Salsicce, Petersilie, Pistazien (gegebenenfalls Kohlrabigrün) und Frühlingszwiebeln dekorieren.

Roquefort | Radicchio | Rote Bete

Zutatenliste für 4 Personen

›› 25 min Zubereitungszeit

1 Kopf Radicchio
etwas Butter
8 g »Salatkrönung Frühlingskräuter« (Fertigprodukt)
2 EL weißer Essig

---

75 ml Honig-Senf-Dressing (Fertigprodukt)
200 ml Apfelsaft
6 TL Tessiner Feigensenfsauce
100 g getrocknetes Mischobst (alternativ: Dörrobst-Chutney)

---

80 g Feldsalat
10 EL Wasser
2 EL Gemüsebrühe
2 EL Kürbiskernöl

---

12 Rote-Bete-Kugeln (aus dem Glas)
100 g Roquefort

---

gesalzene Erdnüsse
Gemüsechips (z. B. Rote Bete)

1. Den Radicchio längs in 4 ca. 2 cm dicke Scheiben schneiden und mit etwas Butter vorsichtig in einer Pfanne von beiden Seiten anbraten. Ziel ist, dass der Radicchio nicht bzw. nur leicht zerfällt! Mit 30 ml selbst angerührter Vinaigrette aus der »Salatkrönung Frühlingskräuter« und Essig ablöschen – die Pfanne vom Herd nehmen.

2. Für das Dörrobst-Chutney das Honig-Senf-Dressing mit dem Apfelsaft und der Tessiner Feigensenfsauce vermischen. Zusammen mit dem getrocknetem Mischobst für 10 Minuten kochen lassen, dann im Mixer fein pürieren.

3. Den Feldsalat gut waschen, anschließend mit Wasser, Gemüsebrühe und Kürbiskernöl kurz vor dem Anrichten marinieren.

4. Pro Teller 3 Rote-Bete-Kugeln in Scheiben schneiden (Sud aus dem Glas nicht wegschütten).

5. Den Roquefort mit der Rückseite des Löffels oder einer Palette auf den Tellerrand streichen und mit einem Holzlöffelstiel 2 Streifen hineinziehen. 1 Scheibe Radicchio auf den Teller geben, das Salatbouquet daraufsetzen, Dörrobst-Chutney und Erdnüsse darüber verteilen. Schließlich etwas Rote-Bete-Sud aus dem Glas sowie den Fond des angebratenen Radicchios auf den Teller träufeln und mit Gemüsechips zum »Knuspern« bestreuen.

Linse | Fenchel | Wurst

Zutatenliste für 4 Personen

» 50 min Zubereitungszeit

200 g Linseneintopf (Fertigprodukt)
150 g schwarze Linsen
3 EL Kräuteressig
2 TL Zwiebelgranulat
Salz und Pfeffer

---

20 g frisches Basilikum
8 EL Pflanzenöl

---

250 g Fenchel
1 Royal-Gala-Apfel
3 EL Apfelessig
3 EL naturtrüber Apfelsaft
1 TL Ingwerpulver
½ EL gerebeltes Bohnenkraut
1 EL Sojasauce
Zucker

---

100 g Schmand
2 EL Kräuteressig
1 Schälchen Physalis

---

8 kleine Cabanossi (ca. 150 g)
4 Pfefferbeißer (ca. 200 g)

Linsenchips »Sour Cream«
Rucola

1. Für die Linsencreme die rohen Linsen nach Packungsanleitung weich kochen. Schließlich die gekochten Linsen (es sollten in etwa 250 g ergeben) mit dem Linseneintopf aus der Dose fein mixen. Mit Kräuteressig, Zwiebelgranulat sowie Salz und Pfeffer abschmecken.

2. Frisches Basilikum zusammen mit den Stängeln und dem Pflanzenöl für das Basilikumöl fein mixen. Mit Salz und Pfeffer würzen.

3. Für den Salat die Fenchelknolle vierteln, den Strunk entfernen und dann in sehr feine Streifen schneiden. Alles in eine Schüssel füllen. Den Apfel ebenfalls vierteln, entkernen, in sehr feine Stückchen schneiden und zum Fenchel dazugeben. Mit Apfelsaft, Ingwerpulver, Bohnenkraut, Sojasauce, Apfelessig, Salz, Pfeffer und etwas Zucker würzen. Miteinander vermischen und abgedeckt ziehen lassen.

4. Schmand für den Dip in einer kleinen Schüssel mit einem Schneebesen glatt rühren. Dann den Kräuteressig zugeben und das Ganze mit Salz und Pfeffer abschmecken. Die Physalis halbieren.

5. Cabanossi in sehr feine Scheiben schneiden, die Pfefferbeißer halbieren und das Innere herauskratzen. Die Pfefferbeißer in einer beschichteten Pfanne rösch anbraten und anschließend auf etwas Küchenpapier abtropfen lassen.

6. Mit der Spritzflasche einen langen Strich mit dem Schmanddip an einem Lineal entlangziehen. Das Linsenpüree mit einem Eisportionierer auf den Teller setzen. Mit der runden Seite des Portionierers vorsichtig eine Mulde in das Püree drücken, ohne die Form zu zerstören. Auf die andere Seite der »Schmandabtrennung« Salat, Schmandtupfer, Rucola, Cabanossischeiben und Physalishälften anrichten. Auf die Seite des Linsenpürees großzügig das Basilikumöl verteilen. Die Pfefferbeißer in die Püreemulde füllen und mit Basilikumblättern, Physalis sowie Schmandtupfern dekorieren – alles mit aufgestellten Linsenchips dekorieren.

Spargel | Wassermelone | Jakobsmuschel

Zutatenliste für 4 Personen

›› 35 min Zubereitungszeit
Start: 5 h vorher

12 Stangen weißer Spargel (alternativ: grüner Spargel)
200 ml »Apfel-Kiwi«-Smoothie
Salz

---

2 TL Gulaschgewürz
1 TL Chilipulver
2 EL weißer Essig
1 TL Salz
2 EL Wasser
½ Wassermelone

---

4 EL Mayonnaise
2 TL Trüffelpaste

---

8 Jakobsmuscheln
2 EL Pflanzenöl zum Braten (alternativ: Olivenöl)

---

frische Minze
Knuspererbsen »Sweet Chili«

1. Den Spargel schälen und einmal quer halbieren bzw. je nach Größe dritteln. Dann den Smoothie aufkochen und mit Salz würzen. Die Spargelstücke in den kochenden Sud geben und für 1 Minute kochen lassen, danach den Topf vom Herd nehmen und für 20 Minuten ziehen lassen. Den Sud erkalten lassen und aufheben. Je nachdem, wie bissfest man den Spargel mag, kann er nach 20 Minuten aus dem Sud genommen werden oder darin liegen bleiben.

2. Für die Marinade Gulaschgewürz, Chilipulver, Essig und Salz mit Wasser verrühren. Aus der Wassermelone der Länge nach 4 etwa 3 cm schmale Scheiben schneiden und mit der Marinade einreiben. Die Melone in einem geeigneten Gefäß für ca. 3–4 Stunden einfrieren – dies hilft, die Zellstruktur zu zerstören, und hinterlässt nachher ein angenehmes Gefühl im Mund.

3. Danach die Melone bei Zimmertemperatur ca. 30–60 Minuten auftauen lassen und den Sud aufheben. Schließlich aus den Melonenscheiben mit einer Ausstechform (alternativ: Wasserglas o. Ä.) einen großen Kreis herausstechen und in diesen mit kleineren Ausstechformen (alternativ: Tomatenmarkdeckel) mehrere kleine Ringe herausstanzen. Die kleinen Ringe dienen später dazu, die Spargelspitzen hineinzustellen.

4. Die Mayonnaise mit der Trüffelpaste verrühren und die Masse in eine Spritzflasche oder einen Spritzbeutel füllen.

5. Jakobsmuscheln vom Muskel befreien und anschließend in einer beschichteten Pfanne mit etwas Pflanzenöl kurz und scharf von beiden Seiten anbraten. Die perfekte Jakobsmuschel sollte in der Mitte etwa 1 cm glasig bleiben und außen eine schöne Kruste haben.

6. Die Melonenkreise auf den Teller setzen und die ausgestochenen Hohlräume mit Apfel-Spargel-Sud füllen. Spargelspitzen abschneiden und in den Sud stellen. Den Melonensaft neben die Ringe geben. Die Spargelstängel halbieren, zurechtschneiden und auf den Teller setzen. Jakobsmuscheln anrichten, die Trüffelmayonnaise in kleinen Tupfern auf den Teller spritzen, frische Minze verteilen und ein paar Knuspererbsen darüberstreuen.

Suppen

Ob gestapelt, formschön angerichtet oder hineingegossen – Suppen sind nicht nur ein optisches Highlight, sie beeindrucken auch durch ihre fantastischen Geschmacksbilder. Überzeug dich doch einfach selbst: Von »Hummer, Haselnuss, Fenchel« bis zu »Scheurebe, Rind, Radieschen« schmeckt einfach alles geil!

Hummer | Haselnuss | Fenchel

Zutatenliste für 4 Personen

›› 1 h 10 min Zubereitungszeit

400 ml Hummerfond
450 ml Wasser
50 g Krebspaste
200 g Staudensellerie
200 g Fenchel
1 Bund frisches Basilikum
3 EL Sud von schwarzen Oliven (alternativ: ohne Sud)
1 EL Umamipaste
6 Wacholderbeeren
2 EL Apfelessig
50 ml Pernod
50 ml Noilly Prat
230 g Crème fraîche
Salz und Pfeffer

---

10 g TK-Dill
3 EL weißer Balsamico
1 EL Honig
1 EL Leinöl

---

140 g gemahlene Haselnüsse
100 g Zucker
Meersalzflocken

---

30 g Sardellenpaste

---

40 g Forellenkaviar (aus dem Glas)
40 g Knuspererbsen »Sweet Chili«

1. Für die Suppe Hummerfond und 400 ml Wasser mit Krebspaste, 100 g Staudensellerie, 100 g Fenchel, 3 Basilikumstängeln, Sud von schwarzen Oliven, Umamipaste, Wacholderbeeren, Apfelessig, Pernod und Noilly Prat aufkochen. Alles bei mittlerer Hitze für 30–60 Minuten köcheln und auf die gewünschte Intensität reduzieren lassen. Die Suppe durch ein feines Sieb passieren und 150 g Crème fraîche aufmixen – mit Salz und Pfeffer abschmecken.

2. Restlichen Fenchel und Staudensellerie in sehr feine Streifen schneiden und Dill, Balsamico, Honig, Leinöl sowie 15 gehackte Basilikumblätter miteinander verrühren. Anschließend mit Fenchel und Staudensellerie vermengen. Alles mit Salz und Pfeffer würzen.

3. Für die Haselnusshippe den Backofen auf 140 °C Umluft vorheizen. Haselnüsse, Zucker und 50 ml Wasser mixen. Alles auf einem Backblech mit Backpapier dünn aufstreichen – ein zweites Backpapier auf der Masse macht das Ausrollen deutlich einfacher. Dann die ausgerollte Masse mit ein paar groben Meersalzflocken bestreuen, um später den gewünschten süß-salzigen Effekt zu erzielen. Für ca. 25 Minuten im Ofen backen. Herausnehmen, erkalten lassen und in längliche Riegel brechen. (Falls die Masse nach 25 Minuten noch nicht knusprig ist, einfach länger im Ofen belassen.)

4. 80 g Crème fraîche mit 30 g Sardellenpaste für den Dip verrühren und mit etwas Salz abschmecken. Die Masse in einen Spritzbeutel oder Gefrierbeutel füllen, um Tupfer machen zu können.

5. Den Salat locker auf fast der Hälfte des Tellerrands verteilen. Darauf abwechselnd Haselnusshippe, Forellenkaviar, Knuspererbsen, Basilikumblätter, Fenchelgrün und Dip schön arrangieren. Den restlichen Teller vorsichtig mit heißer Suppe aufgießen.

Pilz | Ziegenkäse | Feigensenf

Zutatenliste für 4 Personen

›› 1 h 15 min Zubereitungszeit

55 g getrocknete Pilzmischung (Fertigprodukt)
300 g braune Champignons
2 l Wasser
15 g Koriandergrün mit Stängeln
1 EL Austernsauce
2 EL Teriyakisauce
1 EL Umamipaste
Saft von einer ½ Limette
2 EL Aceto balsamico
Salz

---

150 g Ziegenfrischkäse
½ TL gemahlener Kreuzkümmel
200 g Sahne (33 % Fett)
15 g Agartine

---

3 weiße Champignons
Krabbenchips (Kroepoek)
30 g gelber Feigensenf

1. Für das Dashi die getrockneten Pilze mit den braunen Champignons, dem Wasser sowie Koriander inklusive der Stängel (ein paar Blätter für die Deko aufheben) in einem Topf bei mittlerer Hitze langsam zum Kochen bringen. Für etwa 1 Stunde köcheln lassen. Anschließend die Pilze herauspassieren und die Flüssigkeit auf 800 ml reduzieren. (Die abpassierten Pilze eignen sich super für eine Pilzrahmsauce.) Den Pilzsud mit Austern- und Teriyakisauce, Umamipaste, Limettensaft, Aceto balsamico sowie etwas Salz abschmecken.

2. Den Ziegenfrischkäse für die Mousse mit Kreuzkümmel und Salz würzen – dabei ruhig etwas mehr Salz zugeben. Sahne mit Agartine vermischen und für 2 Minuten kochen lassen, dann schnell mit dem Ziegenfrischkäse verrühren, in eine Silikonform (mit Halbkugeln) abfüllen und für etwa 30 Minuten in den Kühlschrank stellen. Danach 16 Stück herauslösen, die restliche Masse mit einem Schneebesen glatt rühren und zum Tupfen aufheben.

3. Die ausgestochenen Moussetörtchen auf den Teller setzen. An den Rand und punktuell Tupfer als »Kleber« für die Deko platzieren. Darauf fein geschnittene Champignonscheiben, -stiele, Krabbenchips sowie Feigensenf und Korianderblätter setzen. Das Pilzdashi am Tisch vorsichtig angießen.

Feldsalat | Shrimp | Mango-Rettich

Zutatenliste für 4 Personen

›› 35 min Zubereitungszeit

120 g weißer Rettich
140 g Mango
2 EL Kräuteressig
Meersalz

---

200 ml Wasser
60 g Zucker
Salz
100 g Walnusskerne

---

80 g Feldsalat
2 EL Olivenöl
2 EL Leinöl
8 Minzeblätter
8 g »Salatkrönung Frühlingskräuter« (Fertigprodukt)

---

400 g Shrimps in Dillsauce (Fertigprodukt)
100 g Speckscheiben

1. Vom weißen Rettich (nach Belieben vorher schälen) mit einem XL-Schäler feine Streifen abschälen und die Mango in Stücke schneiden. Beides in einer Schüssel miteinander vermengen, dann mit 1 EL Kräuteressig und Meersalz abschmecken. Alles ca. 30 Minuten in der Marinade einlegen. (Alternativ kann man den Rettich sowie die Mango auch in kleine Würfel schneiden und einlegen.)

2. Um die Nüsse zu karamellisieren, 100 ml Wasser mit Zucker und 1 Prise Salz in einer beschichteten Pfanne aufkochen. Die Walnusskerne zugeben und unter ständigem Schwenken das Wasser verdampfen lassen, bis der Zucker zu karamellisieren beginnt. Vom Herd nehmen, sofort die Nüsse einzeln auf das Backpapier legen und bei 80 °C Umluft etwa 2 Stunden trocknen lassen. Nach dem Erkalten die Nüsse mit einem Messer grob hacken.

3. Für das Feldsalatsüppchen den Feldsalat (4 Röschen für die Deko behalten) mit 100 ml Wasser, Oliven- und Leinöl, 1 EL Kräuteressig, Minzeblättern sowie der »Salatkrönung« mixen. (Wer das Süppchen etwas dünner mag, ergänzt mit Wasser oder Brühe.)

4. Die Shrimps mit der Dillsauce im Mixer zu einer feinen Masse pürieren und die Speckscheiben in einer Pfanne rösch anbraten, bis diese trocken sind.

5. Zuerst den Shrimpscocktail mit einem Löffel als Halbmond auf den Teller streichen. Den Rettich locker aufdrehen und mit Speck, gehackten Nüssen und 1 Mangostück auf dem Teller drapieren. Zum Schluss einen Teil des Süppchens als Splash anrichten – den Rest separat zum Nachgießen servieren.

Tomate | Brokkoli | Roquefort

Zutatenliste für 4 Personen

›› 45 min Zubereitungszeit

500 g sehr reife Tomaten
800 ml Wasser
2 Prisen Salz
1 EL Kräuteressig
5 EL Olivenöl

---

2 Avocados
40 g frischer Brokkoli
8 Basilikumblätter
20 Blätter Blattspinat
16 Haselnusskerne
16 schwarze Oliven

---

4 Frühlingszwiebeln
4 TL weißer Sesam
16 Kapern
100 g Roquefort
Meersalz

1. Für das Süppchen die Tomaten in grobe Würfel schneiden und im Wasser mit Salz zum Kochen bringen. Die Flüssigkeit auf 350 ml reduzieren und anschließend durch ein Tuch oder einen Kaffeefilter passieren – mit Kräuteressig und Olivenöl abschmecken.

2. Beide Avocados halbieren und vorsichtig die Kerne entfernen. Nun mit einem Esslöffel das Innere der Avocados auslösen. Die 4 Schalenhälften aufheben – diese werden zum Anrichten gebraucht –, aber nur das Innenleben 1 ganzen Avocado. Letzteres in feine Würfel schneiden, den Brokkoli fein hacken und zu den Avocados geben. (Wer kein rohes Gemüse mag, gibt den Brokkoli kurz in die heiße Tomatenessenz zum Garen.) Dann frisches Basilikum und 12 Blätter Blattspinat in Streifen schneiden, Haselnüsse sowie Oliven halbieren und alles miteinander vermengen.

3. Frühlingszwiebeln der Länge nach halbieren, in feine Streifen schneiden, mit dem Sesam und den Kapern zu den Avocados geben. Schließlich alles miteinander verrühren, den Roquefort fein zupfen und ebenfalls daruntermischen. Mit Meersalz abschmecken und in die Avocadohälften einfüllen.

4. Die Tomatenessenz in eine Schale gießen und mit jeweils 2 Blättern Blattspinat dekorieren.

Rauchforelle | Rettich | Apfel

Zutatenliste für 4 Personen

›› 1 h 5 min Zubereitungszeit

200 g weißer Rettich
Salz
1 EL Honig-Senf-Dill-Sauce
(aus dem Glas)
1 EL weißer Essig

---

120 g Schalotten
15 g Knoblauch
2 EL Pflanzenöl
250 g geräucherte Forellenfilets
450 ml Wasser
200 g Sahne (33 % Fett)
Pfeffer
1 EL mittelscharfer Senf
½ TL geriebene Muskatnuss
½ TL Kreuzkümmel
2 TL gerebelter Majoran
200 g Schmand

---

2 süßliche Äpfel (z. B. Gala Royal)
3 EL Zucker
100 ml Tonicwater

---

50 g Forellenkaviar (aus dem Glas)
etwas frischer Meerrettich
(alternativ: Sahnemeerrettich)
rote Rettichkresse
Dill

1. Mit einem XL-Schäler vom geschälten weißen Rettich der Länge nach 4 Streifen abschneiden und in eine Schüssel geben. Alles etwas salzen und mit Honig-Senf-Dill-Sauce sowie Essig ca. 1 Stunde marinieren. Vor dem Anrichten den Sud abschütten, den Rettich leicht auspressen und kegelförmig eindrehen.

2. Für die Suppe Schalotten und Knoblauch in Würfel schneiden und im Pflanzenöl bei mittlerer Hitze in einem Topf anschwitzen. 125 g geräucherte Forellenfilets zugeben und mitschwitzen lassen. Alles mit Wasser sowie Sahne ablöschen und aufkochen. Mit Salz, Pfeffer, Senf, Muskatnuss, Kreuzkümmel und Majoran abschmecken und bei mittlerer Hitze ca. 30 Minuten köcheln lassen. Zu guter Letzt den Schmand zugeben und die Suppe fein mixen, bis keine Stückchen mehr vorhanden sind. Nach Zugabe des Schmands die Suppe nicht mehr kochen lassen, sonst kann sie gerinnen.

3. Die Äpfel halbieren und entkernen. Zucker in einem Töpfchen karamellisieren, mit Tonicwater ablöschen und aufkochen. Die Apfelhälften dazugeben und alles etwa 5 Minuten abgedeckt leicht köcheln lassen. Nach der Hälfte der Zeit die Äpfel wenden. Schließlich die Äpfel mit einem Messer auf ihre Bissfestigkeit überprüfen und aus dem Sud nehmen bzw. gegebenenfalls noch ziehen lassen.

4. Je 1 Apfelhälfte auf einen Teller setzen und mit Kaviar, Meerrettich, Rettichkresse und Dill dekorieren. Das Rauchforellensüppchen angießen und mit den übrigen Forellenstücken, der Rettichrolle, Kaviar und Dill ergänzen.

Spinat | Ei | Mixed Pickles

Zutatenliste für 4 Personen

›› 25 min Zubereitungszeit

3 g frischer Knoblauch
80 g Zwiebeln
2 EL Pflanzenöl
200 g TK-Rahmspinat
80 g frischer Babyspinat
150 g Sahne (33 % Fett)
150 g Mixed Pickles (Abtropfgewicht; aus dem Glas)
125 ml Mixed-Pickles-Sud (aus dem Glas)
Salz und Pfeffer

---

100 g Schmand
½ TL gemahlener Kreuzkümmel
1 TL Kräuteressig

---

6 Eier
100 g Weizenmehl (Type 405)
etwas Pankomehl
500 ml Pflanzenöl zum Frittieren

---

4 Frühlingszwiebeln

1. Für die Suppe Knoblauch und Zwiebeln in Würfel schneiden, anschließend im Pflanzenöl glasig anschwitzen. Den TK-Rahmspinat und den Babyspinat (ein paar frische Blätter für die Deko aufheben) mit der Sahne sowie 100 ml des abgeschütteten Mixed-Pickles-Suds aufgießen. Alles aufkochen, sehr fein mixen und nach Belieben mit Salz und Pfeffer würzen.

2. Den Schmand mit Kreuzkümmel, Kräuteressig, Salz und Pfeffer gut verrühren. Anschließend für das Püree 150 g Mixed Pickles mit 25 ml Mixed-Pickles-Sud fein mixen.

3. Für das gebackene Ei Frischhaltefolie in 4 Quadrate mit jeweils 20 cm Größe schneiden und mit Speiseöl bestreichen. Jeweils 1 Folie mit der bestrichenen Seite nach oben in eine Schale bzw. breite Tasse legen, sodass sie über die Ränder hinausragt. Das Vollei in die Mitte geben und die Folie oben verschließen (das Eigelb muss ganz bleiben)! Wer auf Nummer sicher gehen möchte, nimmt ein Heftgerät und heftet das Päckchen oben zu. Alternativ geht auch ein Frischhalteclip. Die 4 Eierpäckchen in einen Topf mit kochendem Wasser geben (die Eier sollten komplett unter Wasser sein), diesen sofort vom Herd stellen und alles 4–7 Minuten ziehen lassen. Inzwischen Pflanzenöl zum Frittieren in einem hohen Topf erhitzen. Die 4 Eier aus der Frischhaltefolie lösen und wie ein Schnitzel zuerst in Mehl, dann in 2 verquirlten Eiern und schließlich im Pankomehl ringsum wenden. Wer will, paniert 2-mal. Kurz bei starker Hitze (ca. 170 °C) frittieren.

4. Den Schmanddip in eine Spritzflasche füllen und eine dünne, dekorative Linie ziehen. Das Mixed-Pickles-Püree mit 2 Löffeln zu 1 Nocke formen (alternativ: mit dem Nockenausstecher) und auf den Teller setzen. Das gebackene Ei auf die andere Seite legen und die Spinatsuppe angießen. Mit Spinat und Frühlingszwiebeln dekorieren.

Fisch | Fenchel | Knoblauch

Zutatenliste für 4 Personen

›› 20 min Zubereitungszeit

500 ml Fischfond (aus dem Glas)
400 ml Wasser
1 Fenchelknolle
1 EL Tomatenmark
3 Lorbeerblätter
5 Wacholderbeeren
17 g Gewürzsalz »Bouillabaisse«
1 Msp. ungarisches Gulaschgewürz
weißer Saucenbinder für 250 ml

---

150 g Mayonnaise
150 g Schmand
10 g gepresster Knoblauch
2 TL edelsüßes Paprikapulver

---

100 g frisches Kablejaufilet (alternativ: TK-Ware)
80 g Miesmuschelfleisch (Abtropfgewicht; aus der Dose)
80 g Flusskrebsschwänze (Abtropfgewicht; aus der Packung)
80 g gegrillte Makrelenfilets (Abtropfgewicht; aus der Dose)

---

8 TL heller Feigensenf
8 Scheiben Matzenbrot
grüne Gartenkresse
12 frische Basilikumblätter

1. Für die Bouillabaisse Fischfond mit Wasser, Strunk und Grün des Fenchels (Rest aufheben), Tomatenmark, Lorbeerblättern, Wacholderbeeren, Bouillabaissesalz und ungarischem Gulaschgewürz aufkochen. Anschließend bei niedriger Hitze so lange ziehen lassen, bis der Fenchel weich ist, und die Suppe durch ein feines Sieb passieren. Die Suppe erneut aufkochen und den hellen Saucenbinder einrühren.

2. Mayonnaise, Schmand, Knoblauch und edelsüßes Paprikapulver für die Rouille in einer Schüssel verrühren.

3. Für die Suppeneinlage das Kabeljaufilet in feine Streifen schneiden. Muscheln, Flusskrebse und Makrelenfilets abtropfen lassen, dann alles in 4 Portionen aufteilen. Den übrigen Fenchel in sehr feine Streifen schneiden.

4. Die Fische, Flusskrebse, Muscheln und den fein geschnittenen Fenchel in einem Suppenteller schön anrichten. Jeweils 2 TL hellen Feigensenf als kleine Tupfer auf dem Teller verteilen und ein paar frische Basilikumblätter mit in den Teller legen. Die Rouille ebenfalls als Tupfer in den Teller setzen und 2 Scheiben Matzenbrot gerade hinstellen. Mit Kresse und Basilikum dekorieren. Die Bouillabaisse am Tisch in die Teller gießen – durch die kochende Flüssigkeit ist der Fisch nach nur wenigen Sekunden perfekt gegart. (Alternativ: Teller nur mit den Fischen bei 60 °C Umluft für 5 Minuten im Backofen vorgaren.)

Gurke | Schmand | Blutwurst

Zutatenliste für 4 Personen

›› 25 min Zubereitungszeit
Start: 2 h vorher

1½ Salatgurken
60 g TK-Dill
Salz
400 ml Wasser
50 ml weißer Essig
2 EL Leinöl

---

200 g Schmand
200 g Quark
Saft von ½ Zitrone
Pfeffer
150 g Sahne (33 % Fett)
30 g Agartine

---

150 ml Milch
1 Lorbeerblatt
3 Nelken
½ TL Muskatnusspulver
½ TL gerebelter Beifuß
40 g Instant-Kartoffelpüree (Fertigprodukt)

---

1 Zwiebel
2 EL Pflanzenöl
2 EL Zucker
40 g Zwiebelringe (Fertigprodukt)
1 EL Kräuteressig

---

15 g Röstzwiebeln für Hotdogs (Fertigprodukt)
Pankomehl
1 Ei
500 ml Pflanzenöl zum Frittieren

---

150 g feste Blutwurst

---

rote Rettichkresse
Backerbsen

1. Für die Kaltschale 1 Salatgurke mit Schale in Würfel schneiden und zusammen mit dem TK-Dill, 1 TL Salz, Wasser, Essig und Leinöl mixen. Nach dem ersten Mixen alles möglichst flach in ein großes Gefäß einfüllen und für ca. 2 Stunden einfrieren – danach erneut mixen. (Je höher der Flüssigkeitspegel in einem Gefäß beim Einfrieren ist, desto länger dauert es, bis die Flüssigkeit gefroren ist – und um so weniger Farbstoff wird beim Mixen freigesetzt.) Die restliche Gurkenhälfte zur Deko mit einem XL-Schäler in lange Streifen schneiden. Diese mit Salz für 10 Minuten marinieren.

2. Für die Mousse Schmand mit Quark sowie Zitronensaft verrühren, dann kräftig mit Salz und Pfeffer würzen. 100 g Sahne mit Agartine aufkochen, 2 Minuten köcheln lassen und schnell mit dem Schmand-Quark-Gemisch verrühren. Alles in Ringe oder Silikonformen abfüllen (alternativ: in eine flache Form zum Ausstechen) und für mindestens 1 Stunde in den Kühlschrank stellen.

3. Milch mit 50 g Sahne, Lorbeerblatt, Nelken, Muskatnusspulver, Beifuß sowie Salz aufkochen. Die Flüssigkeit durch ein Sieb passieren – wieder zum Kochen bringen. Nun das Instant-Kartoffelpüree einrühren, kurz mitkochen, vom Herd nehmen und ziehen lassen.

4. Die Zwiebel in feine Streifen schneiden und im Pflanzenöl braun anbraten. Zucker dazugeben und leicht karamellisieren. Danach die fertigen Zwiebelringe zugeben und mit Kräuteressig ablöschen: Fertig sind die Schmelzzwiebeln!

5. Für die Krokettenmasse das in Schritt 3 hergestellte Instant-Kartoffelpüree mit den Schmelz- sowie den Röstzwiebeln vermengen. Aus der Masse mit der Hand – oder dem Eisportionierer – 4 Kugeln formen und im Pankomehl wälzen. Dann durch das verquirlte Ei ziehen und erneut im Pankomehl wälzen. Nun in einem hohen Topf oder einer Fritteuse im 170 °C heißen Pflanzenöl frittieren.

6. Blutwurst in 4 Stücke teilen, schräg halbieren und in einer beschichteten Pfanne mit etwas Pflanzenöl von allen Seiten rösch anbraten.

7. Schmandmousse auf den Teller setzen. Gebratene Blutwurst, rote Rettichkresse, Gurkenstreifen, Backerbsen und Schmelzzwiebel auf der Schmandmousse bzw. dem Teller platzieren. Die Gurkenkaltschale aufgießen und zum Schluss die gebackene Krokette auf die Schmandmousse setzen – sofort servieren.

Karotte | Kokos | Ingwer

Zutatenliste für 4 Personen

›› 35 min Zubereitungszeit

400 g Karotten
100 g Zwiebeln
30 g Ingwer
15 g Knoblauch
2 EL Pflanzenöl
2 EL Currypulver
8 EL weißer Essig
800 ml Kokosmilch
400 ml Wasser
Salz und Pfeffer
1 Prise Zimtpulver
2 TL Kurkumapulver
1 TL Korianderpulver

---

40 g schwarze Oliven
50 g geröstete, gesalzene Erdnüsse
2 Frühlingszwiebeln
15 Minzeblätter
180 g Black-Tiger-Garnelen (frisch oder TK-Ware)
3 EL Austernsauce
2 EL Teriyakisauce »mit geröstetem Knoblauch«

---

180 g geriebener Parmesan

---

8 Minzespitzen

1. Für die Suppe Karotten, Zwiebeln, Ingwer und Knoblauch in Würfel schneiden. 2 EL Pflanzenöl in einem Topf erhitzen und das Gemüse darin farblos anschwitzen. Das Currypulver zugeben, nur kurz anschwitzen und mit Essig ablöschen. Nachdem der Essig vollständig reduziert ist, mit Kokosmilch sowie 200 ml Wasser aufgießen und zum Kochen bringen. Das Ganze bei mittlerer Hitze so lange köcheln lassen, bis das Gemüse weich ist. Anschließend alles fein mixen. Mit Salz, Pfeffer, Zimt-, Kurkuma- und Korianderpulver abschmecken.

2. Die Oliven für das Tatar in der Mikrowelle bei 360 Watt 2-mal 4–5 Minuten trocknen. Dann 20 g Erdnüsse mit einem Teil der getrockneten Oliven (der Rest ist für die Deko) hacken und in eine Schüssel geben. 1 Frühlingszwiebel und Minzeblätter sehr fein schneiden und zufügen. Danach die Garnelen in feine Würfel schneiden und hinzugeben. Mit Austern-, Teriyakisauce, Salz und Pfeffer abschmecken und in eine ovale Form pressen bzw. stempeln.

3. Backofen auf 180 °C Umluft vorheizen. Den geriebenen Parmesan mit 200 ml Wasser mixen, die Parmesanmasse auf ein mit Backpapier ausgelegtes Backblech streichen und in den Ofen schieben. Dabei stehen bleiben und den Vorgang genau beobachten. Nach einiger Zeit verdampft das Wasser im Ofen und hinterlässt einen geschmolzenen Parmesan, der feine Löcher bildet und trocknet. Dann das Blech aus dem Ofen nehmen, das Backpapier mit dem Käse vom Blech nehmen und den Käse so lange auskühlen lassen, bis er wieder hart ist. Schließlich vorsichtig in grobe Stücke brechen. (Falls der Käse nicht knusprig, sondern noch labbrig ist, den Vorgang so oft wiederholen, bis der Käse trocken ist.)

4. Die Suppe in eine Schale füllen. Den Parmesanchip auf den Rand legen und vorsichtig das Tatar daraufgeben. Mit den restlichen Nüssen und Oliven, Minzespitzen sowie der Frühlingszwiebel garnieren. Currypulver als Deko darüberstreuen.

Scheurebe | Rind | Radieschen

Zutatenliste für 4 Personen

›› 35 min Zubereitungszeit

150 g Karotten
150 g Knollensellerie
150 g Weißes vom Porree
150 g Zwiebeln
125 g Butter
750 ml Scheurebe (Weißwein)
250 ml Wasser
5 Wacholderbeeren
3 Lorbeerblätter
2 Nelken
1 EL Feinwürzmittel oder gekörnte Gemüsebrühe
300 g Sahne (33 % Fett)
Salz und Pfeffer
1–2 EL Zucker

---

6 Radieschen
20 ml Pflanzenöl
10 g Puderzucker

---

10 Markklößchen (Fertigprodukt)
25 g »Eier-Schöberl« (Fertigprodukt)

Schnittlauch
Paprikapulver

1. Für die Suppe Karotten, Knollensellerie, Porree und Zwiebeln in Würfel schneiden. Die Butter in einem Topf schmelzen lassen und die Gemüsewürfel darin anschwitzen, ohne dass sie braun werden. Mit Weißwein und Wasser aufgießen und zum Kochen bringen. Anschließend Wacholderbeeren, Lorbeerblätter, Nelken und Feinwürzmittel (gekörnte Gemüsebrühe) hinzugeben. Mit Sahne aufgießen und das Gemüse weich kochen. Dann die Suppe abpassieren und die Flüssigkeit auf 600 ml reduzieren. Mit Salz, Pfeffer und – ganz wichtig – je nach Säure 1–2 EL Zucker abschmecken.

2. 1 Radieschen vierteln, 1 Radieschen in Scheiben und Stücke schneiden. Danach alles mit den 4 ganzen Radieschen in einer Pfanne mit Pflanzenöl anrösten. Mit Salz sowie Puderzucker würzen.

3. Für den Crunch Markklößchen und »Eier-Schöberl« mit einem Messer halbieren. Anschließend mit etwas Pflanzenöl in einer Pfanne goldgelb anbraten und mit etwas Salz würzen. (Alternativ kann beides im Ofen bei 160 °C Umluft ca. 30 Minuten getrocknet werden.)

4. Die Suppe in den Teller geben. Die Markklößchen, »Eier-Schöberl« und Radieschen im Teller verteilen – mit Paprikapulver sowie Schnittlauch dekorieren.

Zwischengänge

Nur mal so für zwischendurch … Diese kreativen Aromenkombinationen gibt's auf den nächsten Seiten – nicht nur fürs Auge, sondern auch für den Gaumen: von »Pulpo, Blumenkohl, grüner Pfeffer« bis »Cevapcici, Muschel, Pflaume« das ultimative Geschmackserlebnis!

Blutwurst | Zwiebel | Spinat

Zutatenliste für 4 Personen

›› 35 min Zubereitungszeit

2 Zwiebeln
50 ml Apfelessig
100 ml Currywurstsauce
2 EL Leinöl
2 EL Ahornsirup
1 TL Chilipulver
1 TL Paprikapulver
1 TL Currypulver

---

200 g TK-Rahmspinat
310 ml Milch
Salz und Pfeffer
1–2 TL gemahlener Kreuzkümmel

---

50 g Sahne (33 % Fett)
1 ½ TL gerebelter Liebstöckel
½ TL gerebelter Beifuß
½ TL gerebelter Majoran
½ TL Muskatnusspulver
2 Lorbeerblätter
4 Nelken
40 g Instant-Kartoffelpüree (Fertigprodukt)

---

4 Scheiben feste Blutwurst
20 ml Pflanzenöl
4 Stängel krause Petersilie

»Riffelchips«

1. Die Zwiebeln schälen, den Strunk abschneiden und beide Zwiebeln quer halbieren. Dann vorsichtig die einzelnen Schichten ablösen. Um sie anschließend einlegen zu können, Apfelessig mit Currywurstsauce, Leinöl, Ahornsirup, Chili-, Paprika- sowie Currypulver aufkochen. Die Zwiebelringe hineingeben, vom Herd nehmen und ziehen lassen. Den Fond zur Deko aufheben.

2. Für die Sauce Spinat mit 60 ml Milch aufkochen und mit Salz, Pfeffer sowie Kreuzkümmel abschmecken.

3. Um die Zwiebelringe zu füllen, 250 ml Milch mit Sahne, Liebstöckel, Beifuß, Majoran, Muskatnuss, Salz, Lorbeerblättern und Nelken aufkochen. Die Milch abpassieren, erneut aufkochen, dann das Instant-Kartoffelpüree einrühren, kurz mitkochen und vom Herd nehmen.

4. Die 4 Blutwurstscheiben im Pflanzenöl in einer Pfanne kross anbraten. Petersilie kurz mit in die Pfanne geben und auch anbraten.

5. Die gebratene Blutwurst auf den Tellerrand legen und in die Mitte des Tellers 2 Löffel Spinatsauce geben. Den Zwiebel-Currywurst-Fond außenrum und auf dem Tellerrand verteilen. Zwiebelringe mit Kartoffelpüree füllen und ebenfalls seitlich auf den Teller setzen. Alles mit »Riffelchips« und Petersilie dekorieren.

Pulpo | Blumenkohl | grüner Pfeffer

Zutatenliste für 4 Personen

›› 20 min Zubereitungszeit

150 g Blumenkohl
30 ml Kräuteressig
30 ml Olivenöl
½ TL Korianderpulver
Salz

---

20 g Reispapier
500 ml Pflanzenöl zum Frittieren

---

4 gegarte Pulpoarme
Butter
20 grüne Pfefferkörner

---

4 TL Currypulver
2 TL Thai-Currypulver
4 EL Wasser

---

100 g Schmand
20 g geröstete Mandeln
4 Radieschen
schwarze Oliven

---

8 Basilikumspitzen

1. Den Blumenkohl putzen (die Blätter zur Deko aufbewahren), über die grobe Seite der Vierkantreibe hobeln und mit Kräuteressig, Olivenöl, Korianderpulver sowie Salz abschmecken.

2. Reispapier in einem Topf in 170 °C heißem Fett frittieren, dann auf einem Küchenpapier abtropfen lassen.

3. Die gegarten Pulpoarme mit etwas Butter und den grünen Pfefferkörnern sanft anbraten.

4. Für die Salsa einen Teil des Currypulvers (Rest zur Deko aufbewahren) mit Wasser und ½ TL Salz vermischen.

5. Schmand in einer Schüssel glatt rühren. Mandeln halbieren und Radieschen in schmale Scheiben schneiden. Oliven in einer Porzellanschale in der Mikrowelle 2-mal 3 Minuten bei 360 Watt trocknen.

6. Reispapier in die Mitte des Tellers geben und darauf den Blumenkohlsalat sowie das -blatt verteilen. Currysalsa, Pulpoarm, grünen Pfeffer, gebrannte Mandeln, Radieschen, Basilikum und Oliven daraufgeben. Den Teller mit Schmanddip und Currypulver dekorieren.

Schweinebauch | Sauerkraut | Pilz

Zutatenliste für 4 Personen

›› 50 min Zubereitungszeit
Start: 2 h 30 min vorher

800 g Schweinebauch
Salz

---

50 g Teriyakimarinade
1 TL ganzer Kümmel
30 ml Sojasauce
15 g Zucker
½ TL gerebeltes Bohnenkraut
25 g frischer Knoblauch
Pfeffer
16 g Backpulver

---

400 g Fasskraut (Sauerkraut; Fertigprodukt)
200 g Sahne (33 % Fett)

---

300 g braune Champignons
100 g Zwiebel
2 EL Olivenöl
½ TL gerebelter Liebstöckel
½ TL gerebelter Beifuß

---

100 g weißer Rettich
80 ml Kräuteressig
40 ml Olivenöl
20 ml Kürbisöl
80 ml Wasser

---

rote Rettichkresse

1. Den Schweinebauch auf der Unterseite von Knorpeln befreien. Einen Topf etwa 5 cm hoch mit Wasser füllen, salzen und zum Kochen bringen. Den Schweinebauch mit der Hautseite nach unten hineinlegen, darin für 30 Minuten köcheln lassen. Anschließend den Schweinebauch herausnehmen und die Haut mit einem scharfen Messer rautenförmig einschneiden – je feiner die Rauten, desto knuspriger wird die Kruste. (Achtung: Nur in das Fett schneiden, nicht in die Haut!)

2. Teriyakimarinade mit Kümmel, Sojasauce, Zucker, Bohnenkraut, 10 g gepresstem Knoblauch, Salz sowie Pfeffer verrühren und den Schweinebauch damit gut einreiben. Anschließend den Bauch mit der Hautseite nach oben auf ein Backblech mit Backpapier legen (alternativ: in eine Schale oder Auflaufform) und bei 130 °C Umluft auf der mittleren Schiene für 30 Minuten braten. Kurz rausholen, das Backpulver mit ein wenig Wasser glatt rühren und die Haut des Schweinebauchs damit einpinseln. Weitere 30 Minuten im Ofen garen lassen. Dann noch mal die Haut mit dem Backpulver bepinseln und für 30 Minuten in den Ofen schieben. Nach Ablauf der Zeit zum letzten Mal die Haut mit dem Backpulver einpinseln, den Ofen auf 230 °C Grillfunktion oder Oberhitze stellen und den Schweinebauch beobachten. Während er eine Kruste bildet, sollte die Haut aufploppen und goldbraun werden. (Achtung: Das geht sehr schnell – die Kruste kann also verbrennen!) Zu guter Letzt mit einem Löffel auf den Bauch klopfen, ob er auch kross ist.

3. Das Fasskraut mit Sahne aufkochen, mit Salz und Pfeffer abschmecken. In einem Standmixer fein pürieren.

4. Für die Duxelles Champignons und Zwiebel in feine Würfel schneiden und im Olivenöl anbraten. Anschließend 15 g Knoblauch pressen und dazugeben. Alles kräftig mit viel Liebstöckel, Beifuß, Salz sowie Pfeffer würzen.

5. Rettich schälen und in längliche dicke Spalten schneiden. Kräuteressig, Oliven- und Kürbisöl mit Wasser verrühren – mit Salz sowie Pfeffer abschmecken. Den Rettich darin für ca. 1 Stunde einlegen.

6. Den Schweinebauch in Stücke schneiden und mit dem Rettichstück auf den Teller geben. Hinter dem Rettich die Duxelles verteilen und mit etwas Rettich sowie Pilzsud den Teller sprenkeln. Mit einem Eisportionierer das Krautpüree setzen, mit Rettichkresse und -grün dekorieren. Je nach Intensität kann der restliche Fond des Schweinebauchs als Würzsud auf den Teller gegeben werden.

Sellerie | Apfel | Nuss

Zutatenliste für 4 Personen

›› 55 min Zubereitungszeit

1 großer Knollensellerie
250 ml »Apfel-Birne-Grünkohl-Spinat«-Smoothie

---

50 g Schalotten
2 EL Olivenöl
600 ml Gemüsebrühe
2 EL Crème fraîche
2 EL Sauerrahm
4 TL Apfelessig
3 EL Kürbiskernöl
Salz und Pfeffer

---

2 rote Äpfel
1 TL gemahlener Kreuzkümmel
2 EL Kräuteressig

---

30 g schwarze Nüsse (aus dem Glas)
1 EL Kürbiskerne

---

200 ml Apfelsaft
1 EL Honig
2 TL Speisestärke

---

8 gefriergetrocknete Apfelscheiben
Sauerrahmchips
Schnittlauch

1. Den Sellerie schälen und 4 große Scheiben à 0,5 cm Breite abschneiden. (Alternativ können auch lange Bahnen mit dem XL-Schäler abgeschnitten werden. Dann bitte die Kanten bündig zuschneiden.) Den Smoothie aufkochen und darin die Scheiben bissfest kochen, herausnehmen und auf einem Teller ziehen lassen. Den Fond für die Äpfel aufheben.

2. Für das Püree 300 g des restlichen Selleries in Würfel und die Schalotten in Streifen schneiden. Beides unter Zugabe von Olivenöl so lange anschwitzen, bis der Sellerie Farbe annimmt. Mit Gemüsebrühe ablöschen, sprudelnd weich kochen und schließlich abpassieren. Sellerie in einem Tuch kräftig ausdrücken (Fond aufheben, um gegebenenfalls das Püree sämiger zu machen) und mit 1 EL Crème fraîche, 1 EL Sauerrahm, 1 TL Apfelessig und Kürbiskernöl in den Mixer geben und fein pürieren – mit Salz sowie Pfeffer abschmecken.

3. Für den Fond 1 Apfel halbieren, das Kerngehäuse mit einem Kugelausstecher entfernen und den Apfel in 8 Spalten schneiden. Die Spalten in den Sellerie-Smoothie-Fond (siehe Step 1, Sud 1) geben und mit Kreuzkümmel sowie 1 EL Kräuteressig bissfest kochen. Herausnehmen und abkühlen lassen. Den Fond für die Deko aufheben (Sud 2).

4. Für den Waldorfsalat 100 g rohen Sellerie und 100 g Apfel in feine Stifte schneiden oder raspeln – alles miteinander vermengen. 20 g schwarze Nüsse, 1 EL Kräuteressig, 1 EL Crème fraîche, 1 EL Sauerrahm sowie gehackte Kürbiskerne dazugeben. Alles verrühren, mit Salz und Pfeffer abschmecken. Schließlich den Salat straff in die gekochten Selleriescheiben einwickeln, sodass eine Rolle entsteht.

5. Den Apfelsaft mit 200 ml Smoothiefond (aus Step 3, Sud 2), 3 EL Apfelessig und Honig so lange kochen, bis alles auf die Hälfte reduziert ist. Anschließend mit der angerührten Speisestärke abbinden.

6. Das Selleriepüree als Kleckse auf dem Teller verteilen und die gefriergetrockneten Apfelscheiben sowie die Sauerrahmchips hineinstellen. Die Waldorfsalatrolle danebensetzen und den Apfelfond angießen. Mit Apfelspalten, Scheiben von schwarzen Nüssen sowie Schnittlauch dekorieren.

Hähnchen | Joghurt | Aubergine

Zutatenliste für 4 Personen

›› 1 h Zubereitungszeit
Start: 24 h vorher

100 g griechischer Schafsmilchjoghurt
250 g griechischer Joghurt
100 ml Hafermilch
1 ½ TL Salz
½ TL Korianderpulver
½ TL Zwiebelgranulat
400 g Hähnchensteaks aus der Oberkeule (alternativ: Hähnchenschenkel ohne Knochen)

Pankomehl
500 ml Pflanzenöl zum Frittieren
20 g Meersalz

---

1 Spitzkohl

---

250 g Aubergine
1 mittelgroße Zwiebel
1 EL Pflanzenöl
7 EL Olivenöl

---

60 g feine Erdnussbutter
50 ml Hühnerbrühe (aus Pulver anrühren)
25 g Sweet-Chili-Sauce
15 ml Orange-Mango-Saft
1 g Ingwerpulver

---

80 g schwarze Oliven ohne Stein

---

grüne Gartenkresse
gesalzene Erdnüsse
gelber Sushiingwer

1. Für die Marinade Schafsmilchjoghurt, 100 g griechischen Joghurt, Hafermilch, Salz, Koriander und Zwiebelgranulat gut miteinander verrühren. Dann die Hähnchen-Oberkeulensteaks für mindestens 24 Stunden im Kühlschrank abgedeckt darin ziehen lassen.

2. Am nächsten Tag die Hähnchensteaks aus dem Joghurt nehmen und gegebenenfalls trocken tupfen. Die Keulen an einer Stelle aufschneiden, sodass man sie wie Rouladenscheiben hinlegen kann. Jetzt eng und kompakt einrollen und mit Zahnstochern fixieren. Die Rollen im Pankomehl wälzen und im 180 °C heißen Pflanzenöl in einem hohen Topf oder einer Fritteuse frittieren. Danach in große Scheiben schneiden und mit Meersalz bestreuen.

3. Die 4 großen äußeren Blätter des Spitzkohls ablösen. Eines nach dem anderen in einer großen beschichteten Pfanne mit ein wenig Pflanzenöl anbraten. Hierzu benötigt man einen großen Topf, um den Spitzkohl während des Bratens zu beschweren. So verhindert man, dass der Kohl sich wellt – gleichzeitig werden alle Seiten gleichmäßig angebraten. Sobald dieser eine goldgelbe bis hellbraune Farbe angenommen hat, aus der Pfanne nehmen, auf Küchenpapier abtropfen lassen und mit etwas Salz würzen.

4. Für die Creme Aubergine und Zwiebel in kleine Würfel schneiden. Beides in dem Pflanzenöl und mit viel Hitze anbraten, sodass alles braun wird. Zusammen mit Olivenöl zu einer Creme mixen.

5. Erdnussbutter für den Dip mit Hühnerbrühe anrühren und mit Sweet-Chili-Sauce, Orange-Mango-Saft, Ingwerpulver sowie 150 g griechischem Joghurt mixen.

6. Die Oliven in einer Porzellanschale in der Mikrowelle 2-mal 5 Minuten bei 360 Watt trocknen – so lange, bis sie »crunchen«. (Achtung: Sie werden schnell bitter und schmecken dann verbrannt!)

7. Je 1 Spitzkohlblatt locker gefaltet in die Mitte jedes Tellers geben und darauf die Auberginencreme sowie die grüne Kresse drapieren. Die Ingwerscheiben danebensetzen. Mit einem Espressolöffel den Erdnussdip in Form bringen und seitlich anrichten. Das Hähnchen auf den Teller legen und alles mit Olivenöl, Oliven sowie gesalzenen Erdnüssen garnieren.

Kürbis | Spinat | Meerrettich

Zutatenliste für 4 Personen

» 45 min Zubereitungszeit

1 kleiner Hokkaidokürbis
130 ml Essiggurkensud
(aus dem Glas)
5 EL Apfelessig
160 ml Gemüsebrühe
(Rezept; S. 24)
120 g Honig

---

180 g TK-Spinat
30 ml herbes Olivenöl
2 TL Salz
¼ TL geriebene Muskatnuss
¼ TL Anispulver
3 EL Leinöl
½ EL Kräuteressig

---

1 Bund Radieschen
20 g frischer Meerrettich

---

4 Zweige Basilikum
Kürbiskerne
Kürbiskernöl

1. Den Kürbis schälen, halbieren, entkernen und in Stücke schneiden. Essiggurkensud mit Apfelessig, 100 ml Gemüsebrühe und Honig in einem Topf verrühren. So lange zusammen mit dem Kürbis kochen, bis dieser weich ist. Dann den Kürbis mit einem Mixer und so viel Sud wie nötig zu einer kompakten Masse pürieren.

2. Für die Creme TK-Spinat auftauen, mit 60 ml Gemüsebrühe, Olivenöl, Salz, Muskatnuss, Anispulver, 1 EL Leinöl und Kräuteressig so lange fein mixen, bis eine homogene Masse entsteht.

3. Radieschen halbieren und in einer Pfanne mit 2 EL Leinöl anbraten. Den frischen Meerrettich schälen und zu guter Letzt als feine Späne frisch über das Gericht hobeln (am besten gelingen sie mit einem feinen Schäler oder Trüffelhobel).

4. Das Kürbispüree mit einem Eisportionierer ausstechen und seitlich auf den Teller setzen – mit fein geriebenem Meerrettich sowie je 1 Basilikumzweig garnieren. Den Spinat mittig als Beet auf den Teller setzen und mit Kürbiskernen, Radieschen, Meerrettichspänen (siehe Step 3) sowie Kürbiskernöl dekorieren.

Leberwurst | Mango | Blumenkohl

Zutatenliste für 4 Personen

›› 30 min Zubereitungszeit

150 g Blumenkohl
40 ml Kräuteressig
80 ml Olivenöl
½ TL Korianderpulver
Salz

---

230 g Mango
20 Blätter frischer Koriander

---

100 g Pfälzer Leberwurst
50 g Pankomehl
Pflanzenöl

---

1 Bund frischer Dill
30 ml Wasser
80 g Wildpreiselbeeren
20 ml Leinöl

---

120 g Ziegenfrischkäse

---

grüne Gartenkresse

1. Für den Salat Blumenkohl über die feine Seite der Vierkantreibe hobeln und mit 30 ml Kräuteressig, 30 ml Olivenöl, Korianderpulver und Salz abschmecken.

2. Die Mango schälen und in 4 Quadrate (4 x 4 cm) mit jeweils 1 cm Dicke schneiden, mit gehacktem Koriander (ein paar Blätter für die Deko aufheben), 10 ml Kräuteressig und 2 Prisen Salz würzen.

3. Leberwurst in 4 Stücke schneiden, im Pankomehl wälzen und in einer beschichteten Pfanne unter Zugabe von etwas Pflanzenöl rösch braten (sie werden nachher nur lauwarm angerichtet).

4. Den Dill für die Salsa nach und nach mit Wasser und 50 ml Olivenöl mixen – mit Salz abschmecken. Preiselbeeren mit dem Leinöl glatt rühren oder pürieren.

5. Ziegenfrischkäse mit Wasser verdünnen und anschließend mit Salz sowie Pfeffer kräftig würzen.

6. Den Ziegenkäse als großen Dip mittig auf den Teller geben und mit einem Löffelrücken bzw. einer Schaumkelle kräftig hineinschlagen – am besten im Waschbecken, das kann nämlich eine ziemliche Sauerei geben. Die Mango anrichten und die Leberwurst darauf platzieren. 2 kleine Ecken der Leberwurst abbrechen und als Deko auf den Teller setzen. Den Preiselbeerdip als Nocke abstechen und ebenfalls drapieren. Blumenkohlsalat mit einem Stempel in Form pressen oder locker auf den Teller streuen. Mit Kresse, Koriander und etwas Olivenöl dekorieren.

Kabeljau | Blumenkohl | Blutwurst

Zutatenliste für 4 Personen

›› 50 min Zubereitungszeit

50 g Zwiebel
125 g Speck
(in Scheiben oder Würfeln)
1 EL Pflanzenöl
4 EL weißer Essig
100 ml Wasser
200 g Sahne (33 % Fett)
3 EL Speisestärke
Salz und Pfeffer

---

600 g Blumenkohl
Muskatnusspulver
200–250 g Butter

---

300 g breite Bohnen
100 ml Hühnerbrühe

---

4 Kabeljaufilets à 100 g
(alternativ Wallerfilets)
100 g Blutwurst

---

20 g Meersalz
rote Rettichkresse

1. Für die Sauce die Zwiebel würfeln und mit dem Speck im Pflanzenöl anrösten. Alles mit Essig ablöschen und reduzieren lassen. Dann mit Wasser sowie Sahne aufgießen und aufkochen. Schließlich die Temperatur verringern und alles so lange köcheln lassen, bis die Sauce kräftig nach Speck schmeckt. Zuletzt die Sauce fein mixen – gegebenenfalls durch ein Sieb passieren, damit keine Stückchen mehr vorhanden sind – und je nach Konsistenz mit 1–2 EL angerührter Speisestärke eindicken. Mit Salz sowie Pfeffer abschmecken.

2. Den Blumenkohl für das Püree ohne Stiele grob zerkleinern und in leicht gesalzenem Wasser weich kochen. Sobald der Blumenkohl butterweich ist, in einem Sieb gut abtropfen lassen und – je nach Belieben – in einem Tuch trocken pressen. Den Sud aufheben, um beim Pürieren notfalls (je nachdem, wie trocken man auspresst) verdünnen zu können. Den Blumenkohl fein mixen, mit etwas Salz, Pfeffer, Muskatnusspulver und 50–100 g Butter abschmecken.

3. Die Enden der breiten Bohnen mit einem Messer abschneiden und die Bohnen auf der schmalen Längsseite mit einem Sparschäler schälen (so erhält man sehr feine, lange Streifen. Alternativ mit einem Messer in Streifen schneiden. Bohnenstreifen in kochendem Salzwasser kurz blanchieren, dann im Eiswasser abschrecken. Für die Bohnenglacage heiße Hühnerbrühe mit 100 g kalter Butter aufmixen und 1 EL angerührter Speisestärke leicht andicken. Beim Anrichten die Bohnen in der Glacage erhitzen – gegebenenfalls mit Salz sowie Pfeffer abschmecken.

4. Den Kabeljau (Waller) in etwas Pflanzenöl von einer Seite etwa 1–2 Minuten (je nach Größe) scharf anbraten, mit Salz und Pfeffer abschmecken. Die Filets umdrehen und den Vorgang wiederholen. 50 g Butter dazugeben und alles vom Herd nehmen, damit der Fisch langsam in der Restwärme der Pfanne (ca. 3–5 Minuten) gar wird. Je nach Dicke der Filets gegebenenfalls noch mal kurz erhitzen. Sobald der Fisch fertig ist, aus der Pfanne nehmen und im Ofen bei 50 °C Umluft warm halten. Die Blutwurst in derselben Pfanne von allen Seiten rösch anbraten.

5. Das Püree mit einem Kugel- oder Nockenausstecher auf den Teller setzen. Den »Bohnenschäl« mit einer Gabel oder Fleischgabel (alternativ: dünner Löffelstiel) aufwickeln und anrichten. Kabeljau (Waller), Blutwurst und die Sauce auf den Teller geben – mit Meersalz und Rettichkresse garnieren.

Cevapcici | Muschel | Pflaume

Zutatenliste für 4 Personen

»› 20 min Zubereitungszeit
Start: 30 min vorher

100 g TK-Erbsen
100 ml »Kiwi-Apfel«-Smoothie
1 EL Kräuteressig

---

100 g getrocknete Cranberrys
500 ml Cranberrysaft
250 ml Apfelsaft

---

4 rote Pflaumen
3 gefrorene Cevapcici
(alternativ: frische Cevapcici)
500 ml Pflanzenöl zum Frittieren

---

76 g marinierte Miesmuscheln
(Abtropfgewicht; aus der Dose)

Currywurstsauce
frisches Basilikum
Krabbenchips (Kroepoek)

1. Die Erbsen etwa 30 Minuten vorher auftauen lassen (Alternative: Mikrowelle) und für das Püree zusammen mit dem Smoothie und Kräuteressig mixen. Die Erbsen können kalt gemixt werden – so bleiben sie schön grün und stückig.

2. Für den Sud Cranberrys mit Cranberry- sowie Apfelsaft aufkochen und alles auf kleiner Flamme reduzieren lassen. Die Cranberrys sollten dabei aufquellen, der Sud Bindung und Glanz bekommen.

3. Die Pflaumen entkernen, halbieren und von den Enden zur Mitte in dünne Scheiben schneiden. Die Cevapcici in etwa 1 cm dicke Scheiben oder auch in Stücke schneiden, danach für ca. 20 Sekunden im 170 °C heißen Pflanzenöl in einem hohen Topf oder einer Fritteuse frittieren.

4. Die Muscheln aus der Dose nehmen und etwas abtropfen lassen. Dann das Erbsenpüree kurz erhitzen, umrühren und mit etwas Salz abschmecken.

5. Auf dem Teller können die unterschiedlichen Geschmackskomponenten in Form von drei Türmen angerichtet werden. Jedes Türmchen sollte 1 Muschel, etwas Erbsenpüree, 1 Pflaumenscheibe, Krabbenchip, Basilikum und Cranberry enthalten. Von unten nach oben werden die Türme wie folgt aufgebaut:
Turm 1: Krabbenchip, Cevapcici, Erbsenpüree, Muschel, Cranberry, Pflaumenscheibe, Basilikum
Turm 2: Erbsenpüree, Cevapcici, Krabbenchip, Pflaumenscheibe, Muschel, Basilikum, Cranberry
Turm 3: Pflaumenscheibe, Cranberry, Erbsenpüree, Muschel, Cevapcici, Basilikum, Krabbenchip
Abschließend mit der Currysauce 3 Dekostriche ziehen – die Currysauce wird als Dip verwendet.

Spargel | Spinat | Dörrobst

Zutatenliste für 4 Personen

›› 40 min Zubereitungszeit

3 g frischer Knoblauch
80 g Zwiebel
2 EL Pflanzenöl
200 g TK-Spinat
150 g Sahne (33 % Fett)
100 ml Mixed-Pickles-Sud
Salz und Pfeffer

---

75 ml Honig-Senf-Dressing (Fertigprodukt)
200 ml Apfelsaft
6 TL Tessiner Feigensenfsauce
100 g getrocknetes Mischobst

---

4 Stangen weißer Spargel
250 ml »Apfel-Birne-Grünkohl-Spinat«-Smoothie

---

100 g Schmand
½ TL gemahlener Kreuzkümmel
1 TL Kräuteressig
¼ Pomelo

---

20 kleine marinierte Rote-Bete-Kugeln (aus dem Glas)

Knuspererbsen »Sweet Chili«
4 Zweige Basilikum
frischer Meerrettich

1. Für die Spinatcreme Knoblauch sowie Zwiebel in Würfel schneiden und im Pflanzenöl glasig anschwitzen. Den Spinat dazugeben, mit Sahne sowie Mixed-Pickles-Sud aufgießen und alles zusammen aufkochen. Anschließend sehr fein mixen und nach Belieben mit Salz und Pfeffer abschmecken. Zu guter Letzt erkalten lassen.

2. Das Honig-Senf-Dressing für das Dörrobst-Chutney mit Apfelsaft und Feigensenfsauce vermischen und mit dem getrockneten Mischobst so lange kochen, bis das Obst weich ist. Dann alles im Mixer fein pürieren. Für die Deko ein wenig Chutney mit etwas Rote-Bete-Sud verdünnen.

3. Spargel schälen und – je nach Topfgröße – schräg halbieren. Den Smoothie mit etwas Salz aufkochen, Spargel zugeben und für 1 Minute kochen lassen. Danach vom Herd nehmen und 20 Minuten ziehen lassen.

4. Schmand mit Kreuzkümmel, Kräuteressig, Salz und Pfeffer gut verrühren. Das Innere der Pomelo in groben Stücken herausbrechen.

5. Die Rote-Bete-Kugeln abtropfen lassen. (Alternativ: Rote Bete im Ganzen kochen und mariniert mit einem Kugelausstecher – große Kugel – portionieren.)

6. Den Schmanddip mit einer Spritzflasche bzw. einem Spritzbeutel spiralförmig auf die rechte Hälfte des Tellers spritzen. In der Mitte eine kleine Halbkugel des Chutneys mit einem Eisportionierer platzieren. Spargel, Pomelo, Rote-Bete-Kugeln, Knuspererbsen, Basilikumzweig und frisch geriebenen Meerrettich auf dem Teller anrichten. Etwas Chutneysud auf den Teller geben und die Spinatsauce an den Rand klecksen.

Hauptgerichte

Das Herzstück eines jeden Menüs! Herz gibt es trotzdem nicht, dafür findet ihr wieder den maximalen Geschmack in jedem einzelnen Gericht: angefangen bei »Lamm, Wirsing, Cranberry« über »Rinderbäckchen, Makrele, Brokkoli« bis hin zu »Lachs, Quinoa, Mango«.

Lamm | Wirsing | Cranberry

Zutatenliste für 4 Personen

›› 40 min Zubereitungszeit
Start: 3 h vorher

400 g TK-Rahmwirsing
400 g TK-Wirsing
Salz und Pfeffer
10 Minzespitzen

---

180 g Erbsen
1 EL Kräuteressig
8 g »Salatkrönung Frühlingskräuter« (Fertigprodukt)
4 EL natives Olivenöl

---

100 g getrocknete Cranberrys
500 ml Cranberrysaft
250 ml Apfelsaft

---

2 EL Lammfond (Fertigprodukt)
1 Msp. schwarzes Lebenmittelfarbpulver (Sepiatinte, Kohlepulver)
1 TL Speisestärke
5 EL Wasser

---

1 Spitzkohl
100 g Joghurt
1 Tropfen Honig

---

600 g Lammrücken am Stück (alternativ: Kalbsrücken)
Butter

---

gesalzene Kartoffelchips »natur«
Meersalz

1. Für das Püree Rahmwirsing und Wirsing ca. 3 Stunden vorher auftauen. Anschließend gut auspressen – die Flüssigkeit aufheben – und beides zusammen weich kochen. Dann mit dem Mixer fein pürieren und mit Salz sowie Pfeffer abschmecken. Zu guter Letzt 6 Minzespitzen fein hacken und unter das Püree rühren.

2. 100 g Erbsen mit Kräuteressig, 1 TL Salz sowie der »Salatkrönung Frühlingskräuter« vermengen und für 1 Stunde ziehen lassen. Anschließend mit klarem Wasser abspülen. Restliche Erbsen für die Salsa mit Olivenöl sowie 6 EL ausgepresstem Wirsingwasser mixen.

3. Für den Sud Cranberrys mit Cranberry- sowie Apfelsaft aufkochen und die Flüssigkeit bei niedriger Temperatur auf 90 ml reduzieren. Danach die Cranberrys abpassieren.

4. Für den Jus Lammfond mit 10 EL ausgepresstem Wirsingwasser sowie schwarzem Lebensmittelfarbpulver aufkochen. Speisestärke mit Wasser vermengen, in die Sauce einrühren und alles aufkochen.

5. Vom Spitzkohl 4 große Blätter ablösen und in etwas Öl scharf anbraten – mit Salz würzen. Anschließend den Joghurt mit Honig sowie etwas Salz verrühren.

6. Den Backofen auf 80 °C Umluft vorheizen. Das Lamm in 150 g schwere Stücke portionieren. Ohne bzw. mit sehr wenig Öl in einer Pfanne von jeder Seite ca. 2–3 Minuten (je nach Dicke) scharf anbraten und in Aluminiumfolie wickeln. Für 10 Minuten in den Backofen schieben. Dann kurz in der Pfanne mit etwas Butter schwenken und vor dem Aufschneiden ca. 3 Minuten ruhen lassen.

7. Das Spitzkohlblatt auf eine Seite des Tellers legen. Aus dem Wirsingpüree mit 2 Esslöffeln (alternativ: Nockenausstecher) 1 Nocke formen und zur Hälfte auf das Kohlblatt setzen. Die Erbsen, Cranberrys und Kartoffelchips locker verteilen. Den Lammrücken und die beiden Saucen (Joghurt und Jus) platzieren – mit Meersalz sowie Minzespitze verfeinern.

Kabeljau | Curry | Ananas

Zutatenliste für 4 Personen

›› 35 min Zubereitungszeit

3 rote Zwiebeln
25 g frischer Ingwer
1 Stange Zitronengras
3 EL Pflanzenöl
1 EL »Curry Anapurna«
(alternativ: Currypulver)
1 EL »Purple Curry«
(alternativ: Thai-Currypulver)
330 ml »Fanta Exotic«
400 ml cremige Kokosmilch
200 g Sahne (33 % Fett)
1 TL grüne Currypaste
2 EL Teriyakisauce »mit geröstetem Knoblauch«
1 TL gemahlener Kurkuma
1 TL gemahlener Koriander
Speisestärke

---

500 g Karotten
250 ml »Orange-Karotte«-Smoothie
Salz

1–2 Knoblauchzehen
1 rote Paprikaschote
2–4 EL Leinöl

½ Ananas
10 g Butter

---

4 Kabeljau-Rückenfilets à 150 g

---

250 g Zuckerschoten
175 g Mungobohnenkeimlinge
(aus dem Glas)

---

4 Stängel frischer Koriander
Wasabi-Erdnüsse
4 Krabbenchips (Kroepoek)

1. Für die Currysauce Zwiebeln, Ingwer und Zitronengras klein schneiden und mit 2 EL Pflanzenöl bei niedriger Temperatur in einem Topf anschwitzen. Beide Currypulver dazugeben, alles leicht anrösten und mit Fanta, Kokosmilch sowie Sahne ablöschen. Danach Currypaste, Teriyakisauce, Kurkuma und Koriander hineinrühren. Gegebenenfalls mit Speisestärke andicken oder je nach Schärfeempfinden reduzieren.

2. Karotten für das Püree schälen, waschen und in grobe Stücke schneiden. In einen Topf geben und mit dem Smoothie bedecken, alles aufkochen und zugedeckt ca. 20 Minuten weich garen. Anschließend Karotten abgießen (Sud als Dekokleckse aufheben), gut ausdampfen lassen – gegebenenfalls auspressen – und pürieren. Mit Salz und Teriyakisauce vorsichtig abschmecken.

3. Für das Öl (Dip) Knoblauch schälen und mit der Paprika fein hacken. Mit einem Mixer die Paprika je nach Größe mit mehr oder weniger Leinöl und Knoblauch fein pürieren – mit Salz kräftig würzen.

4. Die Ananas von Strunk und Schale befreien, in Spalten schneiden und mit einer Flocke Butter in einer beschichteten Pfanne kurz anbraten, bis sie Farbe angenommen hat.

5. Den Kabeljau auf der Hautseite mit 1 EL Pflanzenöl ca. 3 Minuten scharf anbraten. Dabei von der Oberseite mit einem Topf, einer Pfanne oder Ähnlichem beschweren, damit die Haut überall den Pfannenboden berührt. Nach den 3 Minuten die Pfanne vom Herd nehmen, eine Flocke Butter dazugeben und den Fisch wenden. Schließlich ziehen lassen, bis er glasig ist (gegebenenfalls nochmals auf den Herd stellen und garen lassen.)

6. Zuckerschoten der Länge nach in Streifen schneiden und kurz in stark gesalzenem Wasser bissfest blanchieren (die Zuckerschotenstreifen können auch kurz mit der Anans in der Pfanne gegart werden – siehe Step 4). Die Mungobohnenkeimlinge absieben.

7. Mit dem Paprikaöl (Dip) 2 dickere Streifen auf dem Teller ziehen. Das Karottenpüree mit Löffeln oder einem Nockenausstecher auf den Teller setzen. Alle anderen Zutaten gerade ausrichten und mit Koriander, Wasabi-Erdnüssen und Krabbenchips garnieren. Zum Schluss die Currysauce an die Ananas angießen.

Ente | Kirsche | Erdnuss

Zutatenliste für 4 Personen

›› 45 min Zubereitungszeit

100 ml Cola »Cherry«
150 ml »Hohes C plus Eisen«
1 Sternanis
1 Msp. Chilipulver
20 frische Kirschen (alternativ: Schwarzkirschen aus dem Glas)

1–2 Mini-Chilischoten (je nach Geschmacksempfinden)
750 ml Maracujasaft
2 EL Olivenöl
1 TL Currypulver
Salz und Pfeffer
150 g Couscous

---

100 g Naturjoghurt
100 g feine Erdnussbutter
3 EL Wasser
1 TL Teriyakisauce »mit geröstetem Knoblauch«
1 TL Austernsauce

---

1 eingelegte gelbe oder rote, milde Peperoni
1 Orange

---

4 Entenbrüste

---

15 g frische Korianderblätter
Wasabi-Erdnüsse

1. Cola, Saft, Sternanis sowie Chilipulver aufkochen, die entkernten Kirschen dazugeben und so lange einkochen, bis die Flüssigkeit leicht eingedickt ist. Zum Anrichten aufbewahren.

2. Für den Couscous den Strunk der Chilischoten entfernen, die Chilis der Länge nach halbieren und entkernen. Nun in feine längliche Streifen schneiden. Maracujasaft in einem Topf auf 400 ml reduzieren. Schließlich die Chilistreifen, Olivenöl und Currypulver hinzufügen – mit Salz sowie Pfeffer kräftig würzen. Den Couscous einrühren, einmal aufquellen lassen und vom Herd nehmen. Den Topf mit Frischhaltefolie bedecken und ziehen lassen.

3. Joghurt mit Salz und Pfeffer als Dip abschmecken. Danach die Erdnussbutter mit Wasser, Teriyaki- und Austernsauce für die Erdnusstupfer verrühren.

4. Die Peperoni vom Strunk befreien, der Länge nach halbieren sowie entkernen. Dann in grobe längliche Stücke schneiden. Im Anschluss daran die Orange schälen und filetieren.

5. Den Backofen auf 80 °C Umluft vorheizen. Die Haut der beiden Entenbrüste mit einem scharfen Messer rautenförmig einschneiden. Anschließend in einer heißen Pfanne unter Zugabe von etwas Pflanzenöl beidseitig für 2–3 Minuten anbraten. Nun die Entenbrüste einzeln in Aluminiumfolie einwickeln und für 10–15 Minuten in den Backofen legen. Herausnehmen und 5 Minuten in der Folie ruhen lassen. Anschließend auspacken und portionieren. (Tipp: Für eine knusprige Haut sollte die Entenbrust vor dem Ruhen aus der Folie genommen und die Haut mit ein wenig Wasser angerührtem Backpulver eingepinselt werden. Dann auf der Hautseite in einer Pfanne knusprig nachbraten, umdrehen und 5 Minuten ruhen lassen.)

6. Den Couscous in eine Form pressen und auf den Teller setzen. Darauf Erdnusstupfer, Kirschen, Orangenfilets, Korianderblätter, Peperoni und Wasabi-Erdnüsse verteilen. Den Joghurtdip auf den Teller klecksen und die aufgeschnittene Entenbrust darauf anrichten. Die eingedickte Flüssigkeit aus Step 1 mit einem Espressolöffel (oder Spritzbeutel) in die Zwischenräume tupfen.

Rinderbäckchen | Makrele | Brokkoli

Zutatenliste für 4 Personen

›› 40 min Zubereitungszeit
Start: 3 h vorher

500 g Suppengemüse
250 g rote Zwiebeln
30 g Knoblauch
2 EL Pflanzenöl
800 g Rinderbäckchen
2 EL Tomatenmark
2 Rosmarinzweige
750 ml Rotwein
5 Wacholderbeeren
1 TL gemahlener Kreuzkümmel
Salz und Pfeffer
Speisestärke

---

120 g Instant-Kartoffelpüree (Fertigprodukt)
100 ml Milch
100 g Sahne (33 % Fett)
180 g gegrillte Makrelenfilets in Olivenöl (Abtropfgewicht; aus der Dose)
1 TL gemahlener Koriander

---

8 braune Champignons

---

300 g Brokkoli
50 g Weizenkörner
20 g Butter
1 EL brauner Rohrzucker

---

200 g Rote-Bete-Scheiben (Abtropfgewicht; aus dem Glas)
frischer Meerrettich bzw. »Lieblingskren« (aus dem Glas)

1. Suppengemüse, Zwiebeln und Knoblauch in Würfel schneiden. In einem ausreichend großen Topf die Rinderbäckchen im Pflanzenöl scharf anbraten, dann die Bäckchen herausnehmen und das geschnittene Gemüse anrösten. Sobald das Gemüse Farbe angenommen hat, Tomatenmark sowie Rosmarinzweige zugeben und ebenfalls kurz anrösten. Den Rotwein aufgießen, Wacholderbeeren, Kreuzkümmel, ausreichend Salz und Pfeffer zugeben. Die Rinderbäckchen in den Topf legen und mit Wasser bedeckt zum Kochen bringen. Danach alles bei geschlossenem Deckel für ca. 2 ½ Stunden köcheln lassen, bis die Bäckchen weich sind. Am einfachsten lässt sich dies mit einer Fleischgabel überprüfen: Sticht man in die Bäckchen und die Gabel gleitet leicht aus dem Fleisch (bitte gerade nach oben ziehen), dann sind die Rinderbäckchen fertig. Schließlich die Bäckchen aus dem Fond nehmen, die weißen fettigen Stellen abschneiden und – je nach Größe – ganz lassen oder schräg halbieren bzw. vierteln. Den Fond zum Kochen bringen, reduzieren und schließlich durch ein feines Sieb passieren. Mit etwas angerührter Speisestärke abbinden – und mit Salz sowie Pfeffer abschmecken. Zu guter Letzt die portionierten Bäckchen in die Sauce legen, damit diese warm bleiben.

2. Das Instant-Kartoffelpüree nach der Packungsanleitung kochen, allerdings 200 ml von der angegebenen Wassermenge durch 100 ml Milch und 100 g Sahne ersetzen. Danach das Öl aus der Makrelenfiletdose abgießen und aufheben. 90 g der Makrele mit einem Messer auf einem Brett fein hacken und in das Püree einrühren. Kräftig mit Salz, Pfeffer sowie Koriander würzen.

3. Die Champignons von den Stielen befreien und so lange in dem Makrelenöl braten, bis diese bissfest sind. Im Anschluss die Stiele von den Kappen lösen.

4. Brokkoli in kleine Röschen schneiden und in kochendem Wasser blanchieren. Die Weizenkörner mit einem Messer hacken. In einer Pfanne Butter schmelzen lassen und die gehackten Weizenkörner darin anrösten, bis sie eine leicht braune Farbe haben. Dann den Brokkoli zugeben und erhitzen. Den braunen Rohrzucker hineinrühren und alles karamellisieren – mit Salz sowie Pfeffer abschmecken.

5. Für jeden Teller 3 Scheiben Rote Bete in unterschiedlichen Größen ausstechen. Das Kartoffel-Makrelen-Püree mit einer Palette auf den Tellerrand streichen und darauf versetzt Brokkoliröschen, etwas gezupfte Makrele, Champignonköpfe und -stiele, Rote Bete und Meerrettich anrichten. Die Ochsenbacke mit viel Sauce auf die andere Tellerseite setzen und mit Makrele sowie Meerrettich garnieren.

Kartoffel | Sellerie | Kürbis

Zutatenliste für 4 Personen

›› 40 min Zubereitungszeit

1 roter Apfel
1 »Apfel-Birne-Spinat-Grünkohl«-Smoothie
1 EL Kräuteressig
4 Nelken
1 Lorbeerblatt

---

1 Knollensellerie
50 g Schalotten
2 EL Olivenöl
600 ml Gemüsebrühe
1 EL Crème fraîche
1 EL Sauerrahm
1 TL Apfelessig
3 EL Kürbiskernöl
Salz und Pfeffer

---

40 g Graubrot
1 Msp. schwarzes Lebensmittelfarbpulver
5 EL Pflanzenöl

---

2 Eier (Größe M)
105 ml Milch
100 ml Wasser
1 EL Weizenmehl (Type 405)
1 TL Butter
1 Msp. gemahlene Muskatnuss
82 g Instant-Kartoffelpüree (Fertigprodukt)
100 g Pankomehl
500 ml Pflanzenöl zum Frittieren

---

5 Minzeblätter
100 g Joghurt
1 Tropfen Honig
160 g Kürbisstückchen mit Honig (Abtropfgewicht; aus dem Glas)

---

grüne Gartenkresse
Kürbiskerne

1. Den Apfel je nach Größe vierteln oder achteln, das Kerngehäuse mit einem Kugelausstecher entfernen. Die Apfelspalten kurz und scharf in einer beschichteten Pfanne ohne Öl anbraten und dann mit dem Smoothie in einen Topf geben. Mit Kräuteressig, Nelken und Lorbeerblatt aufkochen, vom Herd nehmen und so lange ziehen lassen, dass die Spalten noch bissfest sind. Schließlich herausnehmen und den Sud zum Anrichten durch ein feines Sieb passieren und aufheben.

2. Für das Püree Sellerie schälen, davon 300 g in Würfel schneiden und die Schalotten in Streifen. Beides unter Zugabe von Olivenöl so lange anschwitzen, bis der Sellerie Farbe annimmt. Mit Gemüsebrühe ablöschen, sprudelnd weich kochen und schließlich abpassieren. Den Sellerie in einem Tuch kräftig ausdrücken (den Fond aufheben, um gegebenenfalls das Püree sämiger zu machen) und mit Crème fraîche, Sauerrahm, Apfelessig, Kürbiskernöl in einen Mixer geben und fein pürieren. Nun mit Salz sowie Pfeffer abschmecken.

3. Graubrot für die Panade in Würfel schneiden und in einer beschichteten Pfanne mit 2 EL Pflanzenöl vorsichtig rösten. Anschließend die Brotwürfel in der Mikrowelle bei ca. 360 Watt trocknen – je nach Brotsorte und -dicke zwischen 2 und 5 Minuten. Sollte es danach noch nicht trocken sein, den Vorgang wiederholen. Die Brotwürfel in einem Mixer zu Pulver verarbeiten, das schwarze Lebensmittelfarbpulver zugeben und erneut mixen: Fertig ist das Brotpulver! Für das Schwarzbrotöl das gerade eben fertiggestellte Pulver mit dem restlichen Pflanzenöl sowie 2 Prisen Salz verrühren.

4. Für die Kartoffelkroketten 1 Ei mit Milch sowie Wasser vermischen. Mehl, geschmolzene Butter, Salz, Muskatnuss und das Instant-Kartoffelpüree dazugeben und verrühren. Die Masse quellen lassen und anschließend gut durchkneten. Bällchen formen – das funktioniert super mit einem Eisportionierer –, dann im verquirlten zweiten Ei wälzen und mit Pankomehl panieren. Anschließend im 170 °C heißen Pflanzenöl in einem hohen Topf oder einer Fritteuse frittieren.

5. Minzeblätter fein hacken, mit Joghurt, Honig sowie etwas Salz verrühren. Danach den Kürbis abtropfen lassen (Sud aufbewahren).

6. Jeweils 1 Löffel Selleriepüree und Joghurt nebeneinander auf den Teller geben und mit einer Palette miteinander verstreichen. Die gebackene Kartoffelkrokette seitlich darauf platzieren. Kürbis, Fenchelsalat (wer mag, kann diesen gern dazugeben, siehe Rezept S. 167, Step 3) und Apfelstück ebenfalls auf dem Teller drapieren. Alles mit Kresse, Schwarzbrotöl, Kürbissud und -kernen dekorieren. Den Apfelsud entweder separat als Shot servieren oder auf den Teller geben.

Saibling | Rotkohl | Rosenkohl

Zutaten für 4 Personen

›› 50 min Zubereitungszeit
Start: 24 h vorher

200 g frischer Rosenkohl (alternativ: gefroren)
120 g Salz
160 g Zucker
2 Lorbeerblätter
5 Wacholderbeeren
2 g Kümmel

---

500 g Rotkohl
1 roter Apfel (leicht säuerlich)
80 ml Kräuteressig
2 Nelken

---

200 g Wildpreiselbeeren (aus dem Glas)
15 g »Gelatine fix«

---

60 g Bio-Wiesenheu
30 g Räuchermehl »Jack Daniels«
600 g Saiblingsfilet (alternativ: Forellenfilets)
50 ml Pernod
200 ml Fischfond
100 ml Weißwein

---

500 ml Milch
1 Msp. gerebelter Majoran
1 Msp. gemahlener Kümmel
250 g trockene Brotwürfel
6 Eier
20 g Butter

1. Den Strunk des Rosenkohls abschneiden und ein paar Dekoblätter abzupfen. 2 Msp. Salz, 80 g Zucker, 1 Lorbeerblatt, Wacholderbeeren und Kümmel mixen. Danach den Rosenkohl auf einer Vierkantreibe fein raspeln und mit der eben hergestellten Beize (Gewürzmischung) bestreuen – alles vermischen und über Nacht ziehen lassen.

2. Vom Rotkohl 4 große äußere Blätter abziehen und aufheben. Den restlichen Rotkohl sowie den Apfel grob hobeln. Dann mit 80 g Zucker, 2 Msp. Salz, Kräuteressig, Nelken, 1 Lorbeerblatt und dem Apfel ca. 6 Stunden köcheln lassen. (Achtung: Nelken und Lorbeer in ein Gewürzsieb geben, um sie später herausnehmen zu können.) Anschließend alles zur Marmelade mixen.

3. Die Preiselbeeren mit der Gelatine mixen und ca. 2 Stunden kalt stellen. Dann zum Anrichten in einen Spritzbeutel füllen.

4. Heu und Räuchermehl in den Ton- bzw. Edelstahltopf geben, in die Mitte die 4 Rotkohlblätter legen und den in ca. 2 x 6 cm portionierten Saibling daraufsetzen. Nun den Pernod leicht erwärmen, über das Heu gießen und anzünden. Das Ganze wenige Sekunden brennen lassen und mit Fischfond sowie Weißwein ablöschen. Erst dann den Deckel daraufsetzen (bedeckt man alles, ohne vorher abzulöschen, entsteht eine andere Räuchernote) und bei 60 °C Umluft für 1 ½ Stunden in den Ofen schieben. Anschließend den Saiblingsstücken mit einem Bunsenbrenner kurz die typische Grillnote verpassen. (Alternativ kann man auch den Backofen bei 250 °C Grillfunktion kurz benutzen.)

5. Für den Serviettenkloß Milch mit Majoran und Kümmel aufkochen, über die Brotwürfel geben und alles mit 2 Eiern verkneten. 4 Eier trennen, das Eiweiß steif schlagen (Eigelbe werden nicht mehr gebraucht) und vorsichtig unter die Masse heben. Anschließend alles zu einer Rolle formen, in Frischhaltefolie verpacken und die Enden zusammenheften. (Alternativ: kleine Kugeln anfertigen, einzeln in Frischhaltefolie legen und zusammenheften.) Ins kochende Wasser geben, je nach Größe ca. 5 Minuten kochen und 10–15 Minuten im siedenden Wasser ziehen lassen. Zum Schluss die Rolle in längliche Stücke schneiden und in einer Pfanne mit Butter ein wenig knusprig anbraten.

6. Zum Anrichten den Rosenkohl in eine runde Form pressen und seitlich auf den Teller setzen. Die Marmelade mittels einer ovalen Form ebenfalls daraufstempeln oder -drücken. Anschließend Kloß, Rosenkohlblätter und Saibling auf den Teller setzen und dazwischen mit Preiselbeergeltupfern und -strichen dekorieren.

Lamm | Erbse | Paprika

Zutatenliste für 4 Personen

›› 45 min Zubereitungszeit
Start: 5 h 30 min vorher

500 g Suppengrün
250 g rote Zwiebeln
30 g Knoblauch
1,2 kg Lammkeule
(alternativ: Kalbskeule)
3 EL Pflanzenöl
2 EL Tomatenmark
2 Rosmarinzweige
15 g Oregano
750 ml Rotwein
5 Wacholderbeeren
1 TL gemahlener Kreuzkümmel
Salz und Pfeffer

---

450 g TK-Erbsen
200 g Sahne (33 % Fett)
12 Zweige Basilikum
1 EL Leinöl

---

80 g Mayonnaise
2 TL edelsüßes Paprikapulver
1 TL Knoblauchgranulat

---

16 süße rote Trauben
4 kleine rote Paprikaschoten

---

6 Stangen weißer Spargel
250 ml »Kiwi-Apfel«-Smoothie
2 Frühlingszwiebeln

1. Suppengemüse, Zwiebeln und Knoblauch in Würfel schneiden. In einem ausreichend großen Topf die Lammkeule in 2 EL Pflanzenöl scharf anbraten, dann herausnehmen und das geschnittene Gemüse anrösten. Sobald das Gemüse eine rösche Farbe angenommen hat, Tomatenmark, Rosmarinzweige sowie Oregano zugeben und ebenfalls kurz anrösten. Den Rotwein aufgießen, Wacholderbeeren, Kreuzkümmel, ausreichend Salz und Pfeffer zugeben. Die Lammkeule in den Topf legen und mit Wasser bedeckt zum Kochen bringen. Danach alles bei geschlossenem Deckel für ca. 5 Stunden köcheln lassen, bis die Lammkeule weich ist und grob gezupft werden kann. Das gezupfte Fleisch mit wenig bis gar keinem Öl (wir wollen ja die Röstaromen) anbraten – mit Salz sowie Pfeffer abschmecken.

2. TK-Erbsen für das Püree mit Sahne weich kochen. Mit 8 Zweigen Basilikum und Leinöl stückig mixen, mit Salz sowie Pfeffer würzen.

3. Für die Rouille die Mayonnaise mit 1 TL Paprikapulver sowie Knoblauchgranulat verrühren und mit Salz abschmecken. Danach in einer anderen Schlüssel das restliche Paprikapulver für den »Paprikastrich« mit 1 EL Pflanzenöl glatt rühren.

4. Die Trauben im Ganzen kurz und ohne Öl in einer beschichteten Pfanne anbraten. Backofen auf 180 °C Umluft vorheizen. An der Unterseite der Paprikaschoten einen Deckel in einer Höhe von etwa 3 cm abschneiden und sämtliche Kerne und Strünke entfernen. Alle Paprikastücke für 8 Minuten in den Ofen schieben, anschließend mit etwas Salz würzen und mit dem Erbsenpüree füllen.

5. Spargel schälen und halbieren. Den Smoothie aufkochen und mit Salz abschmecken. Spargelstücke 1 Minute in den kochenden Sud geben, dann den Topf vom Herd nehmen und für weitere 10 Minuten ziehen lassen (Spargel sollte knackig sein). Sud erkalten lassen und aufheben. Die Frühlingszwiebeln in schräge Röllchen schneiden.

6. Rouille auf eine Seite des Tellers klecksen, auf die andere den »Paprikastrich« mit einem Pinsel malen. Die gefüllte Paprika auf den Teller setzen, den Spargel daran anlehnen und die Lammstücke anrichten. Mit Basilikum, Frühlingszwiebeln und Trauben dekorieren.

Lachs | Quinoa | Mango

Zutatenliste für 4 Personen

›› 35 min Zubereitungszeit

400 g TK-Pfanne »Kürbis Quinoa« (Fertigprodukt)
1 TL Zitronengraspulver
1 TL Ingwerpulver
Salz und Pfeffer
2 EL Sojasauce

400 g Lachsfilet
7 EL Pflanzenöl
25 g Butter
20 g Meersalz

230 g Mango
10 frische Korianderblätter
1 EL Kräuteressig

4 EL Saubohnen (aus dem Glas)
¼ TL schwarzes Lebensmittelfarbpulver (Sepiatinte oder Kohlepulver)

2 Salzzitronen im Sud (aus dem Glas)
2 Frühlingszwiebeln

250 ml Sauce hollandaise (Fertigprodukt)

1. Die TK-Pfanne »Kürbis Quinoa« gefroren in eine heiße beschichtete Pfanne mit Zitronengras-, Ingwerpulver, Salz und Pfeffer ca. 5 Minuten bei starker Hitze anbraten. Pfanne zudecken und alles bei mittlerer Hitze weitere 5 Minuten braten lassen. Damit nichts anbrennt, mehrmals umrühren. Zum Schluss mit Sojasauce aromatisieren.

2. Lachs in ca. 3 x 3 cm große Würfel schneiden, auf der Hautseite in 1 EL Pflanzenöl ca. 1–2 Minuten anbraten. Dann die Pfanne vom Herd nehmen, den Lachs umdrehen und mit Butter weitere 1–2 Minuten gar ziehen lassen. Mit Meersalz würzen.

3. Mango schälen und in ca. 2 cm dicke Spalten schneiden, sehr kurz und ohne Öl in einer beschichteten Pfanne anbraten. Gleich wieder aus der Pfanne nehmen und mit gehackten Korianderblättern, Kräuteressig und 2 Prisen Salz würzen.

4. Saubohnen schälen und anschließend mit einem Esslöffel zerdrücken. 6 EL Pflanzenöl mit ¼ TL schwarzem Lebensmittelfarbpulver verrühren und dann mit den Saubohnen vermengen. Mit Salz sowie Pfeffer abschmecken.

5. Die Salzzitronen in feine Scheiben und die Frühlingszwiebel in schräge dünne Ringe schneiden.

6. Die kalte Sauce hollandaise in einen Sahnespender geben und mit 1 Kapsel laden – vor dem Anrichten gut schütteln.

7. Für die Quinoa 2 unterschiedlich große Ringe ineinanderstellen und die Quinoa mit einem Löffel in den so entstandenen Ring pressen. In die Mitte die Sauce hollandaise füllen. Lachs, Zitronenscheiben, Mangospalten und zerdrückte Saubohnen zusammen mit den Frühlingszwiebeln auf dem Teller dekorativ anrichten.

Rind | Ei | Trüffel

Zutatenliste für 4 Personen

» 30 min Zubereitungszeit
Start: 24 h vorher

5 Eier
50 g Weizenmehl (Type 405)
100 g feines Paniermehl
500 ml Pflanzenöl zum Frittieren

---

1 kleine Karotte
¼ Sellerieknolle (klein)
3 Schalotten
10 braune Champignons
2 EL Butter
2 EL Tafelessig
200 g Sahne (33 % Fett)
1 TL Knoblauchgranulat
2 EL Trüffelbutter
2 EL Trüffelpaste
Salz und Pfeffer

---

400 g Rinderfilet
12 Sardellenfilets in Öl (aus dem Glas)
2 EL mittelscharfer Senf
Pfeffer
1 TL Sardellenpaste
30 Kapern
40 g Meersalz

---

4 Lasagneblätter

---

160 g Aioli-Creme (Fertigprodukt)
1 Frühlingszwiebel
grüne Gartenkresse

1. Für das gebackene Eigelb 4 Eigelbe auf einem großen Stück Backpapier (ohne dass sie sich berühren und ohne Abdeckung, sonst zerläuft das Eigelb) ca. 12 Stunden einfrieren. Anschließend die gefrorenen Eigelbe mit Weizenmehl, 1 verquirltem Ei und Paniermehl 2-mal panieren und als letzten Schritt (!) vor dem Anrichten im 170 °C heißen Pflanzenöl ca. 10–30 Sekunden in einem hohen Topf oder einer Fritteuse frittieren.

2. Für die Trüffelsauce Karotte, Sellerie sowie 1 Schalotte schälen und mit 6 Champignons in feine Würfel schneiden. Butter erhitzen und das Gemüse darin farblos anschwitzen. Mit Tafelessig sowie Sahne ablöschen und zum Kochen bringen. Nun das Knoblauchgranulat zugeben. Sobald das Gemüse weich ist, die Sauce abpassieren. Mit Trüffelbutter, -paste, Salz, Pfeffer verfeinern und abschmecken.

3. Das Rinderfilet für das Tatar in sehr feine Würfel schneiden. Nun 1 EL Öl aus dem Glas der Sardellenfilets zum Fleisch geben und gut miteinander vermengen. Senf, etwas Pfeffer und Sardellenpaste zugeben. Die letzten beiden Schalotten in feine Würfel schneiden, Kapern sowie Sardellenfilets fein hacken und alles zusammen mit dem Tatar vermischen – nach Belieben mit Meersalz würzen.

4. Lasagneblätter in kochendem Salzwasser al dente kochen und mit kaltem Wasser abschrecken. Anschließend die Lasagneblätter der Länge nach in 2–3 Stücke schneiden.

5. Die Aioli-Creme in einen Spritzsack oder -flasche füllen und die Frühlingszwiebel schräg in feine Ringe schneiden. Die Trüffelsauce kurz vor dem Anrichten mit einem Stabmixer aufschäumen (ein Schuss kalte Milch bzw. Mineralwassser macht einen tollen Schaum) und die Lasagneblätter im Wasser noch mal kurz erhitzen. Dann das Tatar in einem großen Ring locker auf den Teller stempeln oder mit einem Löffel festdrücken. Die Aioli-Creme mehrmals am Tellerrand entlang aufspritzen. Um das Tatar die Nudelstreifen legen, sodass diese Halt bekommen und mittig die Trüffelsauce eingegossen werden kann. Das gebackene Eigelb auf die freie Seite setzen und den Teller mit gehobelten Champignons (oder Trüffel), Frühlingszwiebel, Kresse und Kapern dekorieren.

Huhn | Fenchel | Erbse

Zutatenliste für 4 Personen

›› 50 min Zubereitungszeit
Start: 3 h vorher

2 Zwiebeln
1 Knoblauchzehe
80 g Knollensellerie
500 g Hähnchenkeulen (alternativ: Keule von der Maispoularde)
11 EL Pflanzenöl
1 EL Tomatenmark
8 Zweige Thymian
1 l Gemüsebrühe (Rezept; S. 24)
500 ml Wasser

---

80 g süßer Senf
70 g Crème fraîche
Salz und Pfeffer
200 g Sahne (33 % Fett)
15 g Agartine

---

150 g Fenchel
3 EL Apfelsaft
5 EL Kräuteressig
2 EL Sojasauce
1 TL Kreuzkümmelpulver
1 EL Ingwerpulver

---

200 g Erbsen

---

100 g Graubrot
½ TL schwarzes Lebensmittelfarbpulver (Sepiatinte oder Kohlepulver)

---

2 Hühnerbrüste (alternativ: Maispoulardenbrüste)

Pommesgewürz
Meersalz
Knuspererbsen »Paprika«

1. Zwiebeln, Knoblauch und Sellerie in Würfel schneiden. Die Keulen mit 2 EL Pflanzenöl von beiden Seiten scharf anbraten, dann aus dem Topf nehmen, das Gemüse zugeben und ebenfalls scharf anbraten. Tomatenmark und Thymianzweige hinzufügen und kurz anrösten. Nun die Hühnerkeulen wieder hineinlegen, mit Gemüsebrühe sowie Wasser aufgießen und zum Kochen bringen. Alles etwa 2 Stunden köcheln lassen, bis die Keulen butterweich sind und fast zerfallen. Auskühlen lassen und schließlich das Fleisch abzupfen.

2. Für die Mousse süßen Senf mit Crème fraîche verrühren, mit Salz sowie Pfeffer kräftig würzen. 50 g Sahne mit Agartine mischen und 2 Minuten köcheln lassen. Beides gut miteinander vermengen, anschließend in eine eingefettete kegelförmige Silikonform füllen. Im Kühlschrank etwa 2 Stunden fest werden lassen. Danach herauslösen.

3. Den Fenchel für den Salat in sehr feine Streifen schneiden (Fenchelgrün aufheben), mit Apfelsaft, 1 EL Kräuteressig, 1 EL Sojasauce, Kreuzkümmel-, Ingwerpulver sowie Salz und Pfeffer abschmecken.

4. Für das Püree Erbsen mit 4 EL Kräuteressig und 150 g Sahne kalt mixen. Mit Salz und Pfeffer würzen.

5. Graubrot für die Panade in Würfel schneiden und in einer beschichteten Pfanne mit 2 EL Pflanzenöl vorsichtig rösten. Anschließend die Brotwürfel in einer Porzellanschale in der Mikrowelle bei ca. 360 Watt trocknen – je nach Brotsorte und -dicke zwischen 2 und 5 Minuten. Sollte es nach 5 Minuten noch nicht trocken sein, den Vorgang wiederholen. Danach die Brotwürfel in einem Mixer zu Pulver verarbeiten, schwarzes Lebensmittelfarbpulver zugeben und erneut mixen: Fertig ist das Brotpulver!

6. Für das Brotöl 2 EL von dem gerade eben fertiggestellten Pulver mit 5 EL Pflanzenöl sowie 2 Prisen Salz verrühren. Die Hühnerbrüste der Länge nach halbieren und in einer beschichteten Pfanne mit 1 EL Pflanzenöl anbraten. Mit Salz und Pfeffer würzen. Die gebratene Brust in dem restlichen Schwarzbrotpulver wälzen.

7. Ganz kurz vor dem Anrichten die abgezupften Keulenstücke in 1 EL Pflanzenöl rösch anbraten und mit Pommesgewürz abschmecken. Das Erbsenpüree ebenfalls kurz im Töpfchen erhitzen. Anschließend die Hühnerbrüste mit Keulenstücken, Fenchelsalat sowie Senfmousse auf den Teller geben. Das Erbsenpüree mit einem Eisportionierer als große Kugel daneben drapieren – alles mit Meersalz, Knuspererbsen, Fenchelgrün und Schwarzbrotöl dekorieren.

Desserts

Nein, hier gibt es keine Nachspeisen, auch keine Speisen danach – nur Desserts! Der krönende Abschluss des Menüs vereint intensive Aromen, die glückselig machen. Bei der Auswahl ist das auch kaum anders vorstellbar: Egal, ob »Schoko, Heidelbeere, Olive«, »Skyr, Pastinake, Blutorange« oder »Mais, Paprika, Mango«, hier fällt die Entscheidung superschwer!

Schoko | Heidelbeere | Olive

Zutatenliste für 4 Personen

›› 1 h 30 min Zubereitungszeit
Start: 24 h vorher

2 TL »Caro«-Kaffeepulver
50 ml Wasser
1 TL schwarze Oliventapenade (alternativ: 5 gehackte schwarze Oliven ohne Stein)
1 EL Honig
1 EL Baileys
150 g Rahmeis (½ Rezept; S. 41)

---

3 Eier
2 EL Zucker
150 g Zartbitterkuvertüre
100 g Butter
44,5 g Puddingpulver »Vanille«
50 ml Kaffee bzw. Espresso
50 g Sahne (33 % Fett)

---

175 g TK-Heidelbeeren
75 ml »Blueberry White Tea«
1 TL weißer Kräuteressig
1 TL Ingwerpulver
50 g Nugat
15 g »Gelatine fix«
30 ml Hafermilch

---

3 Scheiben Sushiingwer
140 g schwarze Oliven ohne Stein

---

100 g Schmand
1 Espressolöffel Anispulver
1 TL Agavendicksaft
2 Überraschungseier
8 Zweige frisches Basilikum
40 g »Schoko-Hafer-Crunchy«
4 EL natives Olivenöl

1. Für das Eis »Caro«-Kaffeepulver mit Wasser, Oliventapenade, Honig und Baileys mixen. Die Masse mit der Hälfte der Eiscreme des Basisrezepts (150 g) verrühren und für 24 Stunden einfrieren. Tags darauf die gefrorene Masse in 4 Stücke teilen. Zuerst ein Stück so lange mixen, bis eine feine cremige Masse entstanden ist, dann nach und nach sehr schnell die anderen 3 Teile daruntermixen.

2. Die Eier und 1 EL Zucker für den lauwarmen Schokoladenkuchen schaumig rühren. In der Zwischenzeit die Zartbitterkuvertüre grob hacken und mit der Butter in der Mikrowelle bei 180 Watt 4–6 Minuten schmelzen lassen. Das Puddingpulver mit dem heißen Kaffee oder Espresso vermischen und Sahne zugeben. Anschließend die Eier- mit der Kaffeemasse verrühren, dann die Schokoladenmasse auf einmal zugeben – noch mal kurz rühren, bis sich alles verbunden hat. Zu guter Letzt alles in den Ofen bei 100 °C Umluft in einer mit Backpapier ausgelegten Form für ca. 40 Minuten schieben. Nach 20 Minuten die Form im Uhrzeigersinn halb drehen, damit beide Seiten gleichmäßig gar werden. Nach Ablauf der Zeit den Kuchen kurz abkühlen lassen und handwarm portionieren.

3. Für den Heidelbeer-Nugat-Schaum 75 g TK-Heidelbeeren mit »Blueberry White Tea«, Kräuteressig und Ingwerpulver mixen – im Anschluss sorgfältig durch ein feines Sieb streichen. In der Zwischenzeit das Nugat in der Mikrowelle bei 180 Watt ca. 2–3 Minuten erwärmen – alternativ im Topf vorsichtig schmelzen lassen. Die Gelatine in die Hafermilch mixen und unter das Nugat rühren. Die Massen vermischen, in einen kleinen Sahnespender füllen, 1 CO_2-Kapsel aufschrauben und etwa 2 Stunden kühl stellen.

4. Für das Olivenragout 100 g TK-Heidelbeeren mit fein gehacktem Sushiingwer, 60 g geviertelten schwarzen Oliven und 1 EL Zucker verrühren und in der Marinade ca. 10 Minuten auftauen lassen. Die restlichen Oliven für die Deko in der Mikrowelle 2-mal 5 Minuten bei 360 Watt trocknen – so lange, bis sie »crunchen«.

5. Schmand mit Anispulver und Agavendicksaft glatt rühren. Danach die Überraschungseier vorsichtig in 2 Hälften teilen. Am besten erwärmt man dafür ein dünnes langes Messer unter heißem Wasser. Mit dem Schmand mehrere unterschiedlich große Tupfer auf den Teller setzen – 2 davon mit einem Löffel etwas verteilen. Auf den dicken Tupfer das halbierte Überraschungsei geben und mit Schaum befüllen. Den Schokokuchen anrichten und den Teller mit Olivenragout, getrockneten Oliven, Basilikum, Hafercrunchy und Olivenöl garnieren. Zum Schluss das Eis mit einem Eisportionierer auf den Teller setzen.

Karotte | Ingwer | Schokolade

Zutatenliste für 4 Personen

›› 1h Zubereitungszeit
Start: 24 h vorher

6 Karotten
80 g Zucker
100 ml Multivitaminsaft
3 Lorbeerblätter
5 Wacholderbeeren
10 Korianderblätter
300 g Sorbet (Rezept; S. 41)

---

100 g Weizenmehl (Type 405)
70 g Butter
2 EL Kakao
3 EL Sahne (33 % Fett)

---

100 g Nugat
100 g Zartbitterkuvertüre
150 ml Baileys

---

16 Babykarotten
15 g frischer Ingwer
1 Msp. Korianderpulver
10 Pfefferkörner
1 Espressolöffel Currypulver
20 Stängel krause Petersilie
250 ml »Orange-Karotte«-Smoothie
1 Prise Salz
20 g Puderzucker
1 EL Zimtpulver

1. Für das Sorbet Karotten mit Schale, aber ohne Strunk, in Stücke schneiden und mit 40 g Zucker in einem Topf karamellisieren. Dann mit 100 ml Multivitaminsaft ablöschen. Lorbeerblätter, Wacholderbeeren (beides ins Gewürzsieb) und 5 Korianderblätter hinzufügen. Zugedeckt in ca. 15 Minuten weich kochen. Anschließend die Gewürze herausnehmen und alles mixen. Das Karottenpüree mit dem Sorbet des Basisrezeptes (300 g) verrühren und für 24 Stunden einfrieren. Tags darauf die gefrorene Masse in 4 Stücke teilen. Zuerst ein Stück so lange mixen, bis eine feine cremige Masse entstanden ist, dann nach und nach sehr schnell die anderen 3 Teile daruntermixen.

2. Aus Mehl, weicher Butter, 40 g Zucker, Kakao und Sahne einen Mürbteig durch zügiges Verkneten herstellen und für 12 Stunden einfrieren. Am nächsten Tag gefroren über eine Vierkantreibe auf ein Backpapier hobeln. Die erdähnlichen Krümel bei 135 °C Umluft im Backofen je nach Größe ca. 20–40 Minuten trocknen lassen.

3. Für die Ganache Nugat mit Zartbitterkuvertüre in der Mikrowelle bei 180 Watt 4–6 Minuten schmelzen lassen. Vorsichtig den Baileys unterrühren und für ca. 2 Stunden im Kühlschrank fest werden lassen.

4. Aus den Babykarotten die 4 schönsten für die Deko heraussuchen (ganz lassen) und zusammen mit den restlichen 12 in Scheiben geschnittenen Babykarotten, geschältem sowie gehacktem Ingwer, Korianderpulver, Pfefferkörnern (in ein Gewürzsieb geben), Currypulver und 10 Blättern fein gehackter krauser Petersilie in 150 ml »Orange-Karotte«-Smoothie aufkochen. Alles ca. 15 Minuten bei leichter Hitze zugedeckt ziehen lassen (die 4 ganzen Babykarotten sollten bissfest sein, die Scheiben weicher). Die Deko-Karotten ebenso wie das Gewürzsieb herausnehmen, alle anderen Zutaten pürieren. Mit der Prise Salz würzen. Restliche krause Petersilie in einem hohen Topf oder einer Fritteuse bei 170 °C kurz frittieren – auf einem Küchenpapier abtropfen lassen. Puderzucker und Zimt mischen und die Petersilie sofort mit einem feinen Sieb oder Puderzuckerstreuer kräftig zuckern.

5. Einen kleinen Teil der Ganache in der Mikrowelle (oder Topf) leicht erwärmen und mit einem Pinsel den halben Tellerrand damit ausstreichen. Die Babykarotten quer und diagonal in Stücke schneiden und versetzt darauf platzieren. Aus der restlichen Ganache mit einem Espressolöffel mehrere Stückchen abstechen und in die Zwischenräume verteilen. Mit dem Karottenpüree und der Schokoerde genauso verfahren. Von der frittierten Petersilie Stängel, Spitzen sowie Blätter trennen und dazwischen anrichten. Aus dem Sorbet mit einem Ausstecher oder Löffel 1 Nocke formen, drapieren.

Pflaume | Mohn | Schwarzwurzel

Zutatenliste für 4 Personen

›› 50 min Zubereitungszeit
Start: 24 h vorher

50 g TK-Schwarzwurzeln
50 g TK-Himbeeren
100 g Joghurt (0,1 % Fett)
2 EL Traubenkernöl
3 EL Honig
1 Msp. Kreuzkümmelpulver
40 Basilikumblätter mit Stiel
150 g Rahmeis (½ Rezept; S. 41)

---

325 ml grüner Eistee
Saft von ½ Limone
200 ml »Johannisbeer-Erdbeer-Brombeer«-Smoothie
15 g »Gelatine fix«

---

8 Pflaumen (500–600 g Fruchtfleisch; alternativ: halbierte TK-Pflaumen)
8 g Vanillezucker
3 EL weißer Balsamico
100 g Mohn
200 g Butter
50 g Zucker
150 g Weizenmehl (Type 405)
16 g Backpulver
4 Eier
100 g Crème fraîche
100 g Schmand
6 EL Wildpreiselbeeren

---

30 g Erdnussbutter
Wasser

---

40 g geröstete Erdnüsse

1. Für das Schwarzwurzel-Himbeer-Joghurteis TK-Schwarzwurzeln mit TK-Himbeeren, Joghurt, 1 EL Traubenkernöl, 2 EL Honig, Kreuzkümmelpulver und 20 Basilikumblättern inklusive Stiel mixen. Die Masse mit der Hälfte der Eiscreme des Basisrezeptes (150 g) verrühren und für 24 Stunden einfrieren. Tags darauf die gefrorene Masse in 4 Stücke teilen. Zuerst ein Stück so lange mixen, bis eine feine cremige Masse entstanden ist, dann nach und nach sehr schnell die anderen 3 Teile daruntermixen. Falls die Eiscreme durch zu langes Mixen zu flüssig geworden ist, erneut für 1–2 Stunden einfrieren.

2. 125 ml Eistee mit Limonensaft, 1 EL Traubenkernöl, 50 ml Smoothie und der Gelatine mixen – alles in einen Sahnespender füllen, mit 1 CO_2-Kapsel laden. Etwa 2 Stunden kalt stellen, dann testweise sprühen und gegebenenfalls eine weitere Kapsel nachladen.

3. Für den Kuchen 4 große Pflaumen entsteinen, grob hacken und mit Vanillezucker, 200 ml Eistee, den restlichen Basilikumblättern mit Stiel und 2 EL weißem Balsamico so lange kochen, bis die Flüssigkeit so gut wie weg ist – im Anschluss pürieren. Den Mohn mit 100 g Butter bei mittlerer Stufe rösten (die Butter sollte eine braune Farbe angenommen haben). Für den Rührteig die restlichen 100 g der weichen Butter mit dem Zucker schaumig und luftig »weiß« rühren. Dann das Mehl sieben und mit dem Backpulver unterrühren. Zum Schluss die Eier nach und nach hinzufügen, Crème fraîche und Schmand sowie Wildpreiselbeeren unterheben. Die pürierte Pflaumenmasse sowie den gerösteten Mohn vorsichtig mit dem Rührteig verrühren und in eine gebutterte Form (Springform etc.) geben – im Ofen bei 140 °C Umluft 20–30 Minuten backen. Den Kuchen nach Belieben portionieren, der Rest lässt sich wunderbar einfrieren!

4. 2 Pflaumen halbieren, entsteinen und mit 1 EL weißem Balsamico, 1 EL Honig und 150 ml Smoothie aufkochen. Vom Herd nehmen und 10 Minuten ziehen lassen.

5. Die Erdnussbutter für den Dip je nach Konsistenz mit mehr oder weniger lauwarmem Wasser sämig rühren.

6. Kuchenstück, halbe Pflaume, gehackte Erdnüsse (als Sockel für das Eis), Erdnussdip, die in Scheiben geschnittenen restlichen 2 Pflaumen, ganze Erdnüsse und Basilikumblätter auf dem Teller anrichten. Einen ovalen Ausstecher einfetten und in etwa mittig auf den Teller setzen, den Schaum mit einer Sterntülle kompakt hineinspritzen, dann den Ring abziehen. Schnell aus dem Eis 1 Nocke abstechen und auf die gehackten Erdnüsse setzen. Zügig servieren.

Chips | Kokos | Ananas

Zutatenliste für 4 Personen

›› 2 h 30 min Zubereitungszeit
Start: 24 h vorher

20 »Raffaello«
150 g Rahmeis (½ Rezept; S. 41)

---

150 ml Kokosmilch
25 g Kokosnusspulver
3 EL Zucker
70 ml »Cocos-Ananas«-Saft
15 g »Gelatine fix«
100 g Sahne (33 % Fett)

---

1 TL Speisestärke

---

150 g Körner- oder Walnussbrot
2 EL Leinöl
150 ml Wasser

---

1 Ananas
1 Msp. Nelkenpulver
1 Msp. Zimtpulver
10 Basilikumblätter
6 g Leinsamen
Salz

---

1 EL Currypulver
3 EL Olivenöl

---

10 Minzespitzen
20 g geröstete, gesalzene Pistazien
20 g frische Kokosecken
(alternativ: Kokoschips)

1. Für das Eis 10 »Raffaello« klein hacken, mit der Hälfte der Eiscreme des Basisrezeptes (150 g) verrühren und für 24 Stunden einfrieren. Tags darauf die gefrorene Masse in 4 Stücke teilen. Zuerst ein Stück so lange mixen, bis eine feine cremige Masse entstanden ist, dann nach und nach sehr schnell die anderen 3 Teile daruntermixen. Falls die Eiscreme durch zu langes Mixen zu flüssig geworden ist, erneut für 1–2 Stunden einfrieren.

2. Für die Mousse Kokosmilch mit Kokosnusspulver, 2 EL Zucker und 50 ml »Cocos-Ananas«-Saft vermengen, einmal aufkochen und dann abkühlen lassen. Anschließend 50 ml zum Anrichten aufheben. Die restliche Flüssigkeit mit Gelatine mixen, Sahne in einem extra Gefäß steif schlagen und danach vorsichtig unterheben. In 4 Formen füllen und für ca. 2 Stunden kühl stellen.

3. Den eben hergestellten, aufgehobenen Saft zum Anrichten (50 ml) für den Ananassud mit 1 TL Speisestärke verrühren – einmal aufkochen und schließlich abbinden.

4. Das Brot für die Chips mit 1 EL Leinöl und Wasser mixen. Die Masse dünn mit einem Spatel bzw. einer Palette auf ein Backpapier streichen und im Ofen bei 140 °C Umluft je nach Dicke ungefähr 15–30 Minuten trocknen.

5. Ananas schälen, in Spalten schneiden und den Strunk entfernen. Die Ananasstücke in einer beschichteten Pfanne kurz mit 1 EL Leinöl scharf anbraten und dann mit 20 ml »Cocos-Ananas«-Saft, Nelken-, Zimtpulver, 1 EL Zucker, in Streifen geschnittenen Basilikumblättern, 4 g gehackten Leinsamen und 1 Prise Salz einmal aufkochen – anschließend ca. 10 Minuten ziehen lassen.

6. Das Currypulver mit dem Olivenöl verrühren.

7. Die Kokosmousse auf den Teller setzen und das Ananasstück daneben platzieren. Die Kokossauce in die Mitte geben und darauf den Brotchip setzen. Danach die Eiscreme mit einem Eisportionierer daraufsetzen. Mit Minzespitzen, Curryöl, halbierten »Raffaello«, gehackten Leinsamen, Pistazien und Kokosecken dekorieren.

Skyr | Pastinake | Blutorange

Zutatenliste für 4 Personen

›› 35 min Zubereitungszeit
Start: 3 h vorher

200 g Skyr
1 Zitrone
1 Limette
3 ½ EL Zucker
30 g »Gelatine fix«
100 g Sahne (33 % Fett)

---

6 Blutorangen
20 ml Traubenkernöl
1 Msp. Korianderpulver

---

190 ml Orangensaft
2–3 EL weißer Essig
1 Msp. Chilipulver

---

250 g Pastinaken
100 ml Wasser
2 Nelken
1 Msp. Muskatnusspulver
1 Msp. Kurkumapulver

---

gebrannte Mandeln
4 Stängel frische Petersilie
Sesamöl
weißer Sesam

1. Für die Mousse Skyr mit Abrieb und Saft von Zitrone sowie Limette, 2 EL Zucker und 15 g Gelatine verrühren. Sahne schlagen und unterheben, alles in Silikonformen füllen und für 2 Stunden in den Kühlschrank stellen. (Die Formen sollten flexibel und beschichtet sein. Alternativ kann man die Förmchen oder Tassen mit Frischhaltefolie auskleiden, bevor sie mit der Mousse befüllt werden.)

2. Die 4 Blutorangen mit einem Messer schälen, filetieren und beiseitestellen. (Alternativ: Die geschälten Blutorangen großzügig seitlich sowie oben und unten – um den Mittelstrunk herum – abschneiden, dann in dicke Scheiben schneiden.) Den übrig gebliebenen Strunk sowie die 2 restlichen Blutorangen gut auspressen und 190 ml davon für den Dip mit 10 ml Traubenkernöl, Korianderpulver, ½ EL Zucker und 15 g Gelatine mixen und für ca. 20 Minuten kalt stellen. (Falls der Dip zu fest wird, alles noch mal aufmixen und in einen Spritzbeutel bzw. eine Spritzflasche füllen – als Alternative kann auch »Gelcrem« verwendet werden.)

3. Für den Sud Orangensaft mit 1 EL weißem Essig, 10 ml Traubenkernöl und Chilipulver vermischen. Die Blutorangenfilets für 10 Minuten darin einlegen.

4. Pastinaken für das Püree mit Schale in grobe Stücke schneiden. Mit Wasser und Nelken so lange abgedeckt kochen lassen, bis die Pastinaken butterweich sind (gegebenenfalls etwas Wasser hinzufügen). Die Nelken entfernen und die Pastinaken mit 1 EL Zucker, Muskatnuss-, Kurkumapulver sowie 1–2 EL weißem Essig pürieren.

5. Das Pastinakenpüree wild auf eine Hälfte des Tellers streichen und mit rund ausgestochenen Skyrmousse-Türmchen (dazu ein rundes Ausstecherset bzw. kleine Ausstecher benutzen), Orangenfilets und gebrannten Mandeln belegen. Ca. 1 EL Orangensud darübergeben und den Blutorangendip als Tupfer in die Zwischenräume setzen. Mit Petersilie, Sesamöl, -saat sowie Chilipulver garnieren.

Kürbis | Rotkohl | Banane

Zutatenliste für 4 Personen

»› 55 min Zubereitungszeit
Start: 24 h vorher

3 Bananen
3 EL Leinöl
5 g Bourbon-Vanillearoma
4 Msp. Zimtpulver
Salz
150 g Rahmeis (½ Rezept; S. 41)

---

100 g getrocknete Cranberrys
500 ml Cranberrysaft
300 ml Apfelsaft

---

120 g Haferkekse
60 g Butter
1 EL Rosinen
30 g Kürbiskerne
25 ml Rum
250 g süßsaure Kürbisstücke (Abtropfgewicht; aus dem Glas)
30 ml Sonnenblumenöl
Vanillearoma bzw. -pulver
200 g Magerquark
2 Eier (Größe M)
4 EL Zucker
5 EL Weizenmehl (Type 405)
½ EL Speisestärke
2 TL Backpulver

---

200 g Apfelrotkohl (Abtropfgewicht; aus dem Glas)
1 Lorbeerblatt
1 Nelke
3 Wacholderbeeren
30 g Apfelmus
2 EL weißer Essig

---

100 g Schmand
1 Espressolöffel Anispulver
1 TL Agavendicksaft
»Hafercrunchy«
»Dinkelflakes«

1. Für das Eis Bananen fein hacken, mit 3 EL Leinöl, Bourbon-Vanillearoma, 3 Msp. Zimtpulver und 1 Prise Salz mischen. Die Masse mit der Hälfte der Eiscreme des Basisrezeptes (150 g) verrühren und für 24 Stunden einfrieren. Tags darauf die gefrorene Masse in 4 Stücke teilen. Zuerst ein Stück so lange mixen, bis eine feine cremige Masse entstanden ist, dann nach und nach sehr schnell die anderen 3 Teile daruntermixen.

2. Cranberrys mit Cranberry- sowie 250 ml Apfelsaft aufkochen und die Flüssigkeit bei niedriger Temperatur auf 90 ml reduzieren. Die Cranberrys im Sud erkalten lassen.

3. Für den Kürbiskuchen Haferkekse mixen bzw. im Gefrierbeutel mit einem Topf zerkleinern. Danach alles mit flüssiger Butter vermengen und in 4 runde, mit Butter oder Trennspray eingefettete Formen füllen. Der Boden sollte nicht mehr als ca. 0,5 cm hoch bedeckt sein! Dann für mindestens 10 Minuten in den Kühlschrank stellen. Währenddessen die Rosinen und 10 g Kürbiskerne grob hacken und für 30 Minuten in 20 ml Rum quellen lassen (alternativ in Wasser oder Apfelsaft). Schließlich den Kürbis abtropfen lassen, grob hacken und mit Sonnenblumenöl, Vanillearoma und Quark verrühren. (Nicht mixen und so wenig wie möglich rühren, sonst geht die Quarkmasse beim Backen zu sehr auf!) Die Eier mit Zucker und 1 Prise Salz cremig rühren und mit der Kürbis- und Rosinenmasse verrühren. Zum Schluss gesiebtes Mehl, Speisestärke und Backpulver unterheben. Die Masse auf den mittlerweile gekühlten Boden geben und bei 150 °C Umluft backen. (Muffinformen brauchen etwa 20–30 Minuten.)

4. Rotkohl mit Lorbeer, Nelke, Wacholderbeeren (alles drei im Gewürzsack), Apfelmus, 50 ml Apfelsaft, weißem Essig sowie 1 Msp. Zimtpulver 30 Minuten köcheln lassen. Wenn der Rotkohl richtig weich und trocken ist, das Gewürzsäckchen herausnehmen und für die Marmelade mit 5 ml Rum fein mixen.

5. Den Schmand mit Anispulver und Agavendicksaft glatt rühren. Einen großen Löffel Schmanddip auf den Teller geben und mit dem Stiel eines Kochlöffels wild im Kreis verstreichen. Die Rotkohlmarmelade in einem Ring als Turm stempeln bzw. leicht auf eine Seite des Tellers pressen. Den Turm mit Kürbis, »Hafercrunchy« und restlichen Kürbiskernen garnieren. Auf der gegenüberliegenden Tellerseite den Kürbiskuchen setzen und mit »Dinkelflakes« als »Eisbremse« bestreuen. Punktuell mit Cranberrys, Sud und Kürbiskernöl auf dem Schmand sowie der leeren Tellerfläche dekorieren. 1 Eisnocke mit einem Löffel oder Eisportionierer auf die Flakes setzen.

Kirsche | Fenchel | Mango

Zutatenliste für 4 Personen

›› 35 min Zubereitungszeit

60 g TK-Kirschen
195 g Süßkirschen (Abtropfgewicht, aus dem Glas)
3 EL »Jägermeister«
3 EL Crushed Ice (alternativ: gemixte Eiswürfel)
5 EL Zucker

---

100 g getrocknete Mangostreifen
4 EL Apfelessig
250 ml »Mango-Maracuja«-Smoothie
2 kleine bzw. 1 großer Fenchel

---

4 EL Leinöl
20 Stängel frischer Koriander

---

2 Mangos

---

1 EL weißer Essig
½ TL Anispulver
2 EL Speisestärke
¼ TL Korianderpulver

---

4 Reisblätter
500 ml Pflanzenöl zum Frittieren
20 g Puderzucker
1 EL Zimtpulver

1. Für den Kirschdaiquiri TK-Kirschen mit 3 EL Süßkirschen, Jägermeister, Crushed Ice und 1 EL Zucker pürieren und einfrieren.

2. Mangostreifen mit 1 EL Apfelessig und dem Smoothie 2 Minuten kochen lassen. Anschließend so lange ziehen lassen, bis die Mango aufgeweicht ist. Aus dem Sud nehmen (Sud aufheben). Den Fenchelstrunk abschneiden und die äußeren 4 großen Fenchelblätter vorsichtig lösen. Schließlich die Fenchelblätter in dem Mangosud köcheln, bis sie weich sind. Aus dem Sud nehmen, Sud wiederum aufheben.

3. Übrigen Fenchel fein reiben und mit 3 EL Mangosud, 1 EL Leinöl, 2 EL Apfelessig, 10 Korianderblättern, 1 EL Zucker marinieren – dann ziehen lassen. (Der übrige Mangosud ist für die Deko.) Fenchel im Anschluss in eine hohe Form pressen bzw. stempeln.

4. Mangos schälen und das Fruchtfleisch rund um den Kern jeweils in 2 Stücken abschneiden. In einer beschichteten Pfanne mit 1 EL Leinöl kurz und scharf anbraten – mit 1 EL Apfelessig ablöschen. Dann die Mangostücke aus der Pfanne nehmen, kurz auskühlen lassen.

5. Süßkirschen abschütten und den Saft mit 20 gehackten Korianderstängeln (ohne Blätter!), 2 EL Leinöl, 2 EL Zucker, weißem Essig, ¼ TL Anispulver aufkochen – mit angerührter Speisestärke zum Dip abbinden. Die restlichen abgetropften Süßkirschen (ca. 160 g) bei 180 Watt in der Mikrowelle 3-mal 5 Minuten trocknen. Mit ¼ TL Anis-, Korianderpulver und 1 EL Zucker marinieren und ziehen lassen.

6. Reisblätter im heißen Pflanzenöl frittieren und auf einem Küchenpapier abtropfen lassen. Puderzucker und Zimt mischen – die Reisblätter sofort mit einem feinen Sieb kräftig zuckern. Den Fenchelsalat und das Mangostück anrichten – darauf das Reisblatt setzen. Mit Fenchel, getrockneten Kirschen, Koriander, Süßkirschdip und Mangosud den Teller dekorieren. Zum Schluss gefrorenen Kirschdaiquiri auf den Teller gießen oder separat dazu servieren.

Banane | Pflaume | Nugat

Zutatenliste für 4 Personen

›› 2 h 30 min Zubereitungszeit
Start: 24 h vorher

3 Bananen
2 EL Kürbisöl
3 Msp. Currypulver
Salz
150 g Rahmeis (½ Rezept; S. 41)

---

75 g TK-Heidelbeeren
75 ml »Blueberry White Tea«
1 TL weißer Kräuteressig
1 TL Ingwerpulver
50 g Nugat
15 g »Gelatine fix«
30 ml Hafermilch

---

6 Pflaumen
8 g Vanillezucker
200 ml grüner Eistee
30 Basilikumblätter mit Stiel
3 EL weißer Balsamico
100 g Mohn
200 g Butter
50 g Zucker
150 g Weizenmehl (Type 405)
16 g Backpulver
4 Eier
100 g Crème fraîche
100 g Schmand
6 EL Wildpreiselbeeren

---

1 EL Honig
150 ml »Johannisbeere-Erdbeere«-Smoothie

---

2 Überraschungseier
Puderzucker
20 g geröstete Erdnüsse
20 g »Schoko-Hafer-Crunchy«

1. Für das Eis Bananen fein hacken, mit Kürbisöl, Currypulver und 1 Prise Salz mischen. Die Masse mit der Hälfte der Eiscreme des Basisrezeptes (150 g) verrühren und für 24 Stunden einfrieren. Tags darauf die gefrorene Masse in 4 Stücke teilen. Zuerst ein Stück so lange mixen, bis eine feine cremige Masse entstanden ist, dann nach und nach sehr schnell die anderen 3 Teile daruntermixen.

2. Für den Heidelbeer-Nugat-Schaum die TK-Heidelbeeren mit »Blueberry White Tea«, Kräuteressig und Ingwerpulver mixen – im Anschluss sorgfältig durch ein feines Sieb streichen. In der Zwischenzeit das Nugat in der Mikrowelle bei 180 Watt ca. 2–3 Minuten erwärmen – alternativ im Topf vorsichtig schmelzen lassen. Die Gelatine in die Hafermilch mixen und unter das Nugat rühren. Die Massen vermischen, in einen kleinen Sahnespender füllen, 1 CO_2-Kapsel aufschrauben und für etwa 2 Stunden kühl stellen.

3. Für den Kuchen 4 Pflaumen entsteinen, grob hacken und mit Vanillezucker, Eistee, 20 Basilikumblättern inklusive Stiele und 2 EL weißem Balsamico so lange kochen, bis die Flüssigkeit so gut wie weg ist – im Anschluss pürieren. Den Mohn mit 100 g Butter bei mittlerer Stufe rösten (die Butter sollte eine braune Farbe angenommen haben). Für den Rührteig die restlichen 100 g der weichen Butter mit dem Zucker schaumig und luftig »weiß« rühren. Dann das Mehl sieben und mit dem Backpulver unterrühren. Zum Schluss die Eier nach und nach hinzufügen, Crème fraîche und Schmand sowie Wildpreiselbeeren unterheben. Die pürierte Pflaumenmasse sowie den gerösteten Mohn vorsichtig mit dem Rührteig verrühren und in eine gebutterte Form (Springform etc.) geben – im Ofen bei 140 °C Umluft 20–30 Minuten backen. Den Kuchen nach Belieben portionieren, der Rest lässt sich wunderbar einfrieren!

4. 2 Pflaumen halbieren, entsteinen und mit 1 EL weißem Balsamico, Honig und dem Smoothie aufkochen. Vom Herd nehmen und 10 Minuten ziehen lassen.

5. Die Überraschungseier vorsichtig in 2 Hälften teilen. Am besten erwärmt man dafür ein dünnes langes Messer unter heißem Wasser. Den oval ausgestochenen Kuchen leicht mit Puderzucker bestreuen und auf den Rand 1 halbiertes Überraschungsei setzen. Die halbierte Pflaume auf den Teller geben und den Teller etwas mit dem Sud besprenkeln. Mit dem Sahnespender den Heidelbeer-Nugat-Schaum in das Überraschungsei spritzen und alles mit Erdnüssen, »Schoko-Hafer-Crunchy« und Basilikum garnieren. Zum Schluss das Eis mit einem Nockenausstecher oder Löffel auf einigen gehackten Erdnüssen anrichten.

Mais | Paprika | Mango

Zutatenliste für 4 Personen

›› 2 h Zubereitungszeit
Start: 24 h vorher

1 große Mango
(ca. 290 g Fruchtfleisch)
100 ml »Mango & Maracuja«-Smoothie
1 Bund frische Minze
¼ TL Chilipulver
¼ TL Zimtpulver
1 TL weißer Balsamico
¼ TL Salz
300 g Sorbet (Rezept; S. 41)

280 g Mais
(Abtropfgewicht; aus der Dose)
Saft von 2 Limonen
10 g Agartine
200 g Sahne (33 % Fett)
200 ml Hafermilch

50 g Joghurt
2 EL Zucker
4 Kiwis

150 g geröstete Paprikaschoten ohne Haut (Abtropfgewicht; aus dem Glas)
60 g Maisstangen (Fertigprodukt)
10 g Puderzucker

140 g Popcorn »Karamell«
(Fertigprodukt)
80 g gebrannte Mandeln

1. Die Mango schälen und das Fruchtfleisch um den Kern herum ganz wegschneiden – es sollten 290 g Fruchtfleisch übrig bleiben. Dieses in grobe Stücke schneiden und mit dem Smoothie sowie 10 Minzeblättern fein mixen. Davon 200 g abtrennen (der Rest ist als Dip gedacht) und mit Chili-, Zimtpulver, weißem Balsamico, Salz sowie 20 Minzeblättern mixen. Anschließend das Sorbet des Basisrezepts (300 g) dazugeben, mixen und für 24 Stunden einfrieren. Tags darauf die gefrorene Masse in 4 Stücke teilen. Zuerst ein Stück so lange mixen, bis eine feine cremige Masse entstanden ist, dann nach und nach sehr schnell die anderen 3 Teile daruntermixen. (Alternativ in kleinere Stücke teilen und sehr schnell mit einem Hochleistungsmixer cremig mixen.) Falls das Sorbet durch zu langes Mixen zu flüssig geworden ist, einfach erneut für 1–2 Stunden einfrieren.

2. Für die Pannacotta Dosenmais abschütten, abtropfen lassen und in einer beschichteten Pfanne ohne Öl goldbraun anrösten. Mit dem Limonensaft pürieren. Agartine mit Sahne und Hafermilch in einem Kochtopf 2 Minuten aufkochen. Anschließend das Maispüree unterrühren und zügig in die entsprechenden Silikonformen (hier: kleine Halbkugeln) füllen – für ca. 2 Stunden kühl stellen.

3. Joghurt mit Zucker für den Dip anrühren. Die Kiwis schälen und daraus dekorative Formen wie Kreise, Kugeln, Rechtecke, Würfel oder Ähnliches schneiden bzw. ausstechen.

4. Die Paprikaschoten aus dem Sud nehmen und in die gewünschte Form bringen. Dann die Maissstangen mit Puderzucker bestreuen.

5. Joghurtdip auf den Teller setzen und mit einem Löffel »splashen«. Den Mangosud dazugeben, die Pannacotta verteilen und alles mit Kiwis, gebrochenen Maisstangen, Popcorn, halbierten und ganzen Mandeln sowie Minze dekorieren. Zum Schluss das Sorbet mit einem Löffel oder Nockenausstecher auf ein kleines Häufchen gehackter Mandeln geben.

Register

Impressum

Projektleitung: Simone Kohl
Text (Mitarbeit), Redaktion und Lektorat: Alexandra Bauer (textwerk, München)
Umschlaggestaltung und Layout: independent Medien-Design München: Horst Moser (Artdirektion), Dominik Schwarz
Herstellung: Markus Plötz
Satz: Christopher Hammond
Reproduktion: Ludwig Media, Zell am See
Druck: Aprinta, Firmengruppe Appl, Wemding
Bindung: Conzella, Pfarrkirchen

Fotonachweis

Coverfoto und Fotografie: Volker Debus
Porträt Cover: Lightshades
Weitere Fotos: Adobe Stock: S. 23 re., 27 oben, 31 re., 40, 48, 50, 57; Anke Schütz: 27 unten; Benedikt Faust: S. 10, 11, 12, 13, 14, 15, 16; Coco Lang: 35 unten; Eising Studio: S. 23; GAP-Interiors: S. 42; Getty Images: S. 17; iStock: S. 17, 19, 20, 21 oben, 35 oben, 49 li., 51 oben; Jonathan Prielmayer: S. 21 re.; Mader und Schmidt: S. 31; Mona Binner: S. 26; Nicky Walsh: S. 51 unten; Seasons: S. 23 li., 26, 27 unten, 31 li., 34, 35 unten, 37 li., 43 unten, 53 re.; Shutterstock: S. 22, 30, 53 li.; Stockfood: S. 36, 43 oben, 49 li.; Stocksy: S. 18, 19, 20, 37 re.

ISBN 978-3-8338-7625-7

1. Auflage 2020

www.facebook.com/gu.verlag

GRÄFE UND UNZER

Ein Unternehmen der
GANSKE VERLAGSGRUPPE